IL N'Y A PAS DE
PARENT PARFAIT

最好的教養，從面對真實自我開始

法國父母最信賴的心理學家
帶你擺脫焦慮、解決親子衝突的
45堂療癒課
23種高成效的對話練習

伊莎貝爾・費歐沙 著
周昭均 譯

ISABELLE
FILLIOZAT

【致　台灣父母】

親愛的台灣父母與未來的父母、親愛的朋友：

雖然我是歐洲人、法國人，你們生活在亞洲的台灣，我們彼此相隔了一萬公里，然而我們卻又如此接近。因為，世界上所有的父母都會經歷相同的喜悅，但也會經歷相同的焦慮。大家感受同樣的愛的情緒，被同樣的擔憂困擾，有時也因同樣的憤怒而失控。在世界各地，就算文化背景差異，孩子們仍舊經歷相同的發展階段，因此會有相似的行為、反應和情緒。

成為父母是令人震撼也令人改變的經驗。突然之間，許多責任落在我們肩上！我們總是想要好好表現，當個好父母，但只要有一點小問題，罪惡感就會壓得我們喘不過氣來。全世界的父母都希望自己的孩子有最好的發展。我們希望孩子出色、獨立、負責、受歡迎……雖然這些特點未必彼此相容，然而當狀況並非如此時，我們便開始慌亂。

通常，折磨我們的問題是「我哪裡做得不好？」更雪上加霜的是，會有各式各樣的人介入我們的生活，還膽敢做出評論或提出建議：「必須要這樣做！」、「應該要那樣做！」、「什麼，你沒有這樣做？」……而談起教育時，我們也不可能平心靜氣地討論，畢竟爭論通常激烈且帶著指責；更因為信念根植在每個人的經歷中，所以牢不可破！

育兒的情感經驗是普世共通的，但每個文化都發展出自己的儀式和習俗。我們在各自的社會中養育孩子，然而當前的社會變化快速，也比過去更加開放。全球化讓我們窺見了養育孩子的其他方式，凡此種種卻帶來了更多的疑問。

簡言之，要找到正確的路和過平靜的家庭生活並不容易。所幸，科學帶來了知識，讓我們得以發現孩子的大腦中發生了什麼，還有我們自己的大腦中發生了什麼。科學照亮了道路，也證實了我們內心深處早已知道的那件事：最重要的，是在每一刻都能快樂，越快樂越好。在教養中，真正當務之急的，從來都只有一件事，就是「去愛」。

【國內名人好評推薦】

小劉醫師（劉宗瑀）／乳房外科醫師：

這本書誠實的說出為人父母其實很無助，面對教養的各種焦慮，無形中負擔了孩子未來的人生與幸福？！它誠懇的「面對家長」，關心著家長，聆聽著家長，而非從家長身上透視、遙望遠方，談孩子未來的路線，談教育方針、十大守則……為人父母，首要是先為人；關心則從自己先開始。自我沉澱，察覺內在，面對自我，不必計較成功與否。真實，是唯一的方法。

醜爸（陳其正）／親職教育顧問：

我們期待社會是多元、每個人是獨特的，但神奇的是，對於父母，卻希望每位都是一樣的。這些「施加於父母身上的完美形象」，經常讓已經因照顧孩子而手足無措的我們，心慌意亂。在本書中，作者以鮮活的實例敲醒我們，教養沒有標準，更無所謂完美的父母。唯有用更人性的角度，務實地看待每個家庭的能與不能，幸福方能成為現在進行式。

澤爸（魏瑋志）／親職教育講師：

我們都是有了孩子，才開始學習怎麼當父母的。我們在長大過程中，是如何被對待的方式，成為了唯一的參考值。可惜的是，我們並不喜歡，但又不知道有什麼更好的方法，於是產生了後悔的迴圈。

重新面對真實的自我開始，理解到我與孩子是在親子路上，一同學習與成長的夥伴。找到最適合彼此的溝通與管教方式，尊重而不放縱、同理而不溺愛、規範而不打罵。我想，這就最好的教養了。

【推薦文】

我與當年那個曾經不愛孩子的自己和解

文／資深教師　沈雅琪（神老師）

一邊看這本書，一邊回想著生養三個孩子的這十幾年，好多書上寫的就是一路走來的經歷，有時沉溺在回憶裡，想起當時痛苦的過去，但是更多的是釋懷，原來不是自己做得不好，而是很多人必經的過程。

生第一胎的時候是期待的，跟工程師交往那麼多年，好期待看看我和他生下來的孩子長什麼樣呢？

因為胎位不正，剖腹產的第二天麻藥退去，傷口的痛、排惡露的痛，真是痛到要人命，住院五天，我應該是愛孩子的吧？受不了一天只看孩子幾次，一直吵著要回家去。

回到家，才是惡夢的開始。

孩子一直哭鬧不停，明明搖睡了，放下去就又醒了，餵奶半個小時，把孩子搖睡，我清洗奶瓶整理東西，才剛躺下來要休息，孩子又起來哭了……沒能好好休息，身體又不舒服，大熱天的得一直穿著長袖的衣服、為了給孩子母奶，得一直喝補湯、吃藥膳……好多的身不由己，讓我都快瘋了。

出院第一天開始，我每天都得開車出去漫無目的地繞兩個小時，在車上狂哭發洩後才能回家面對他。一回到家又得面對一直哭個不停的他，對照同一天生產，一起做月子的姊姊，我真的是一個非常不盡責的媽媽，用了最好的擠奶器卻擠不出幾滴，姊姊的孩子一哭就耐心地搖著哄著，我卻只想把他給丟掉！

那時不知道自己是產後憂鬱症，每天都在憂鬱和自責中度過，覺得自己好沒愛心，覺得自己怎麼會這麼討厭小孩……覺得自己好沒用，不管用什麼方法他都要哭，到底是要怎樣才不會哭？他哭，我也跟著哭……

我常常打電話給遠在新竹的工程師說：我們把孩子送人好嗎？我快撐不下去了，我看到他就生氣，我一定帶不大他……一邊哭訴，一邊繼續替他換尿布、泡牛奶，每天以淚洗面。

只不過是生個孩子，別的媽媽都散發著滿滿的母愛，對孩子細心呵護，為了孩子都能忍耐身體的疲憊，都可以當個好媽媽，怎麼我就不行？別人都可以有母奶好好餵養自己的孩子，我空有脹到一碰就痛徹心扉的胸部，一整天下來卻擠不到他一餐的量，疲憊、挫敗、無助、愧疚、悲傷、自責……有時還加上想離開人世的念頭。

狂亂的以淚洗面過完整整一個月，產後憂鬱症慢慢退去，我的情緒才漸漸平穩下來，終於覺得他笑起來好像也還蠻可愛的，看著他喝飽睡足後張大眼睛東張西望，我這才能開始享受生了個孩子，當媽媽那種無法言喻的美好。

為了彌補自己不愛孩子的這段黑歷史，我非常在意兒子的感受，總是想盡辦法滿足他的需要，想把全世界最好的東西給他，在他受委屈時恨不得替他承受……把他的壞脾氣全怪罪到我對他不好的那一個月，那滿到溢出來的愧疚感，讓我對他幾乎有求必應，無止境的包容。

任何兩個人之間的關係，只要不對等，久了就會開始變質，我對他的母愛，讓他變得完全的依賴和任性，直到他第一次罵我三字經時，我才恍然大悟，再繼續用愧疚對待他，不只毀了他，也毀了我自己。我開始收起不必要的關心和干涉，在孩子需要幫助時一定陪伴著他們一起度過，有困惑時我和工程師跟孩子聊聊，提供經驗和想法，讓孩子自己做決定、承擔後果。

正如書上寫的：我與自己的情緒和解。我與當年那個曾經不愛孩子的自己和解，成為最好的自己以後，才能成為適合孩子的媽媽。

CONTENTS

PART 1

當我們面對孩子時……

PART 2

是什麼讓我們失控了？

PART 3

不同年齡的孩子

PART 4

23種自我練習

【作者序】

教養，從來不是容易的事

為人父母是一場巨大的冒險。那非常美好……但是，讓我們勇敢說出來吧，無論在體力上或情緒上，都是相當大的考驗。每個人都對孩子有美好的幻想，然後他們出生了。如果孩子能讓我們感到如此幸福，獲得了超出期望的滿足，我們也有可能陷入絕望和無能為力當中。新手父母在面對困擾他們的種種強烈情感和所踏入的複雜新世界時，常常感到無助。

蘿倫絲是保姆，她從沒想過自己會如此慌亂。與別人的孩子在一起時，她有耐心、樂於服務且游刃有餘。面對自己的女兒時，她卻發現自己常在發怒。她無法把自己一直盡力給予他人的給予蘿拉，並為此感到絕望，對自己做出了負面評價：「我不是個好媽媽。」

父母肩負了好多責任，他們必須為教育孩子、保護孩子和孩子的健康負責；他們甚至認為自己必須要保障孩子的幸福和成功。

而當人們知道你的子女順利完成學業也結了婚，常會驚嘆：「你真好命！」彷彿這件事輕而易舉。事實上，絕大多數的父母，包括那些看起來「很好命」的，都曾感到痛苦、質疑，遭遇過反抗期、危機和失敗。再加上許多文章闡述「如何像成功做出巧克力蛋糕一樣，成功塑造孩子」，似乎都在直指「父母懂得如何塑造完美子女」絕對不是神話。

如果孩子無法滿足我們的期望，如果他不完美，我們可能會對他們心生怨懟，因為他們反映出來的，是我們自己的扭曲形象。畢竟在某種程度上，我們的孩子是我們的鏡子。我們常會將他們視為自己的延伸，視為自己的一部分。我們將現在的自己投射在他身上，期望他能成為我們自己想成為的樣子。他背負著我們理想化的自我，不知不覺間，我們給了他修復我們形象的任務。也因此，每次的失望都會深深影響我們。我們對於孩子的成功或失敗特別敏感，我們不一定總能察覺到，但我們有時難以保持必要的距離來面對孩子的要求、荒唐行徑或違抗，甚至是他們的需要。我們的行動未必總是合適、有教育性的。

所以，教育一點都不輕鬆。在這份工作中，「專家」也沒能幫上什麼忙。有些小兒科醫師、兒童精神科醫師和心理學家以一副內行人的姿態，強迫推銷某些「定論」——某些隨著潮流而變化的定論。舉例來說，「安頓寶寶的藝術」[1]會隨著時

1. 來自珍納維耶芙．德來西．德巴瑟瓦（Geneviève Delaisi de Parseval）和蘇珊．拉勒蒙（Susanne Lallemand）合著的作品《安頓寶寶的藝術》（*L'Art d'accommoder les bébés*）。

代改變。「要讓嬰兒趴著睡」、「千萬不要，他可能會在枕頭上窒息」、「不不不，應該要讓寶寶仰睡」、「怎麼可以呢，如果溢奶會很危險的，所以要讓他側睡」……日常生活的每件事，像是怎麼背他、餵奶、睡眠等，也都一樣。當我們不遵從正在流行的囑咐時，就很容易產生愧疚感，再加上看到其他父母竟如此得心應手——看他們的家庭看起來如此和諧，看他們的小孩很可愛、很乖、功課很好……完美子女的神話又再度逼近！媽媽們尤其容易與他人比較，並感到自責。至於做爸爸的，大致只會意識到自己身分改變，而即使他們越來越常照顧寶寶，也越來越能承擔責任，他們卻鮮少覺得自己必須全盤瞭解和掌控全局。

時代不同，教養也不同？

在以前，教養這件事很簡單：孩子必須服從。如果他不服從，就會受到懲罰。父母用力量來約束孩子。他們打小孩、懲罰小孩，也認為這麼做是對的。打和羞辱並不被視為暴力，而被看作正常的管教方法。以前之所以很簡單，是因為我們不曾質疑「父母有權體罰，也應該體罰」。我們繼承了暴力的教育傳統，這種方法確實能有效地讓人變得具攻擊性或憂鬱——總之，它讓人變得不幸。針對這項做法的殘酷及它糟蹋人類的後果，少數起而反抗的聲音都被化為沉默。只有「以前的孩子比較乖」這種想法遺留下來。

而今，常常有人說：「可依據的標準消失殆盡了。」然而，這些過去所謂的「標準」，不過就只是無知，甚至盲目。但有一件事是確定的，那就是我們越瞭解兒童的心理，我們就越無法下定論。兒童的需求隨著他們的成長而改變，他們的需求相當多元，他們的心理現象也比我們想像的複雜許多。以前，嬰兒被當作成天只有吃喝拉撒需求的物體，如今，我們懂得將他們視為「人」，但可惜的是，有時並沒能把他們當成「人」來對待，儘管我們知道自己對於孩子的某些行為會弄痛孩子，也對孩子不好；儘管我們越來越難相信「狠狠打屁股」的辦法，也不再能想像我們施予的懲罰會有任何功效。

有些人說以前的小孩比較安靜、聽話、服從……但應該正視事實吧：父母抱怨孩子缺乏尊重和忘記傳統並不是什麼新鮮事。「我們的世界已經來到一個關鍵的階段，孩子不再聽從父母的話，世界末日應該不遠了。」

大約兩千年前，一位埃及的祭司如此說道。在龐貝城的牆上，還可以看到侮辱教師的字眼。而在更久遠前，蘇格拉底也曾經批評當時的年輕人：「缺乏教養，根本不把權威放在眼裡，對於長者也沒有半點尊重；看到老人走進屋裡，不懂得起身致意。他們愛跟父母頂嘴，整天只知道瞎扯而不求上進。他們就是這麼糟糕。」由此可知，其實我們今天所面對的校園暴力、年輕人不尊重年長者……這些完全不是新的現象。而從古到今的成年人，也一直都在抱怨這些事。

事實上，「以前比較好」這種普遍的想法也只是觀點的問題，是幻覺。以前，孩子被獨自丟在一旁，只有幾塊積木和小狗相伴，這難道會比現在給他的電腦、電動、電視和其他螢幕產品更有建設性？以前，學校裡頑皮的孩子會以「您」來稱呼老師，但也一樣愛打彈珠，會用下流的圖畫弄髒廁所的牆面，會把女孩困在洗手間。三、四十年前，只有少數孩子的需求會被聆聽與尊重；而在二十年前，這現象沒什麼改變；直到現在，這麼久以來，我也還是聽到許多孩子經歷受冷漠、受到傷害與深陷苦惱的遭遇。

在今天，當個中學老師並不容易。這是事實。以前的年輕人會在成人面前噤聲，現在的學生則有更多期待：他們不是只想聽老師講課。如果他們感到無聊，就會動來動去。但我認為這並不是因為父母沒有為他們設下規範。

每個年代都認為自己正在經歷權威的危機，經歷「小霸王」症候群。有些父母因為信念而選擇自由作風，有些因為缺乏決斷力或參與不足而過度寬容，然而以法國來說，大部分的家庭仍是專制的。依數據顯示，百分之八十四的法國家長仍會為了讓小孩服從而打小孩，百分之三十更會嚴厲體罰！研究結果甚至說明，因為母親的壓力與過勞，父母的暴力有增加的趨勢。

現今，所謂的寬容態度常被群起圍攻：我們太尊重孩子了，把尊重孩子和害怕孩子反抗或害怕孩子的情緒混為一談。許多兒科醫師，甚至精神科醫師，都開始倡導恢復權威，甚至恢復體罰。他們的論點不盡周全，但這並未妨礙他們取得一定的成功。接下來，我會帶著你們瞭解箇中原因。

如果確實有權威危機，那涉及的是我們缺乏內在權威和自我意識，而不是缺乏權威體制。我們將會看到，越專制的父母對自己越沒有信心。以前的小孩在恐懼中成長，現在的孩子則不再那麼害怕，這是真的，他們接受了更多資訊和刺激，他們完全不需要父母變得更加專制。

孩子的教養，不只跟父母有關

孩子的心理生活是複雜的，成人的心理生活亦然，兩者之間的關係則更為複雜。我們的孩子在告訴我們關於我們自己的事，他們是誰？他們的故事從我們的故事開始。孩子背負著一整個家族譜系，承載了未被意識到的家族歷史，有時會表現出已經被壓抑了好幾代的情緒。面對他們，我們無法做出中立的反應。無論是我們有意識或無意識的情緒，都會影響孩子的情緒。我們對他們有所行動，他們則做出反應，我們又對他們的反應做出反應……要瞭解孩子與我們之間發生了什麼，就不可能不去考慮這個循環。

如此一來，所有像是「應該要、我們必須」這類過度簡化、忽略了潛意識層面的學說，都值得懷疑。父母與孩子之間會發生各式各樣的事，在主張回歸權威者的分析中，通常都只考慮了現象學層面，也就是可觀察到的層面。然而，孩子的教育牽涉了許多人。我們以為這是父母兩人的事，但至少有另外四個人直接或間接影響了孩子，也就是祖父母和外祖父母。誰不曾突然發現自己正在使用跟自己父母一樣的權威語氣，說出相同的辱罵或貶低人的話語，說出這些如此傷人而我們曾努力絕不讓自己說出口的話語？有時，我們會發現自己做出不由自主的舉動，而就在面對自己的反應時，我們往往感到無能為力。

提供育兒建議的教材中，經常忽略這種綜合性的層面。我們不只應該討論與子女的關係，也要討論父母之間的關係，討論父母與他們的父母和與對方父母間的關係。更別忘了還有潛意識、心照不宣之事、祕密、壓抑的情感、怨恨和家族中未被表達的痛苦等種種的力量。這些都有所影響。

父母內心的孩子——也就是父母小時候的樣子——也有所影響。我們面前的孩子讓我們回想起自己曾是怎樣的孩子，即使我們並未意識到。孩子的出生讓我們又得重新面對自身錯綜複雜的經歷。我們的情緒混雜在一起：一個一直沒有意識到的傷口也會變成難解的心結。至今為止默默放過的事，如今在我們心中吶喊。我們自己的童年如回憶畫面般再次出現，或是更麻煩的，以我們未察覺的方式，改變我們的感知，影響我們對自己孩子的態度。

是什麼主導了我們的教育風格？

世上父母千百種，有些願意面對孩子使他們面臨的迷惑深淵，有些則把問題簡化，選擇了權威主義，並且百思不解：「我當初怎麼沒想到，自己竟會成為這樣的父母。」

是什麼主導著我們想要實行的教育風格？從孩子出生到十八歲，教育一直是獨占對話內容的話題。有些人熱烈支持打屁股，有些是有節制地責罵，有些則宣揚要聆聽孩子的話。有些人會懲罰，有些則偏好制裁和讓孩子負起責任。有些人設了嚴格的規定，有些則推崇家庭民主。有些人任小孩哭泣，有些則馬上跑去安撫。父母教養的景象千變萬化，該如何找到標準？怎麼知道什麼是正確的？

事實上，比起過去，我們現在掌握了更多參考標準。對於成長、兒童的需求、他的大腦、智力，甚至是情感，我們都有大量的知識。在實驗室裡，科學家們進行了許多觀察與實驗。他們的發現打擊了老舊的信念，也證實了不同教育方法的長處和短處。不過，這些研究結果似乎未被閱讀或聽取。而當它們被閱讀或聽取時，也經常被人以嘲諷的態度排除在外。所以很多人認為科學帶來了麻煩，我們不想要這些新的標準，它們質疑了我們的習慣，有時讓我們感到自己很糟糕。我們寧可繼續依附我們的信念，詆毀研究人員獲得的結果。

很少有哪個領域會傳播這麼多過時的陳腔濫調。在教育圈，非理性仍舊具有主導的地位，甚至那些我們以為會更具科學精神的專家，像是小兒精神科醫師或心理學家也一樣。每個人都從自身的分析出發，然後發表某些彷彿顯而易見的法則，但他們竟然都忽略了針對相關問題的統計數據與比較研究。不過，比起相互批判，讓我們更進一步來瞭解這個現象吧，這個狀況是有原因的。

關於教育，每個人都有既定的想法，雖然這些想法在一生當中很可能會經歷多次改變，特別是對有小孩的人來說。對於日常生活的每個舉動，都會有「贊成」和「反對」的意見。在伴侶關係中，這就是衝突的主題。有時，這些歧見甚至會導致離婚。這個問題同樣影響著孩子父母與伴侶的父母之間的關係。每個人確信不疑的信念或許在客氣的沉默中表現出來，或是引發激烈的討論，甚至讓這個主題變成家族聚會時的禁忌。我們無法平靜的討論，彼此的立場似乎難以妥協，也花費了過度的精力在為自己的立場辯護。然而，討論的激烈程度令人驚訝，為何火藥味會這麼重？我們將會看到，在理論之外，這還涉及了我們自身的歷史，如此激烈的情緒必然有其原因。

確實，作為父母，我們的教養行為是由當代潮流、兒科醫師指令與其他正在流行的心理學學說所形塑，但這只是表象。在我們的主張與我們的作為之間，常有一道鴻溝。我們必須承認，我們的教育態度鮮少與科學、經驗或理性有關聯。有些人因而受苦，因此會去閱讀、尋找資訊和研究；其他受過更深的傷害，或尚未找出自己所受傷害的人，因為無法面對由這種落差造成的不適感，因此壓抑自己的情緒，並組成了統一的戰線來抵抗情感。我們看似依照自己的價值觀行動，但事實上，我們在宣揚依照我們行為方式調整過的價值。

我們在教養中的壓力、沮喪、不安……

有時，一切順利，家人們沉浸在共同的幸福中。突然間，氣氛變得緊張，孩子的一個舉動或一個字掀起了一場風暴：「我怎麼會有像你這樣的小孩？」我們與孩子的關係，充滿了這樣令人暈眩的高低起伏。我們會喜悅地與朋友、家人分享高點，但對於低點卻多少都會保持沉默，因為那令人愧疚也太過痛苦。

因為沒有能夠讓人訴說傾吐且不做評斷的對象，容易衝動的父母很可能會堅守祕密，並陷入可能將他們推向虐待行為的動態中；其他拒絕暴力的父母則可能因為發生的事感到沮喪。有些人決定展開心理治療，也有些人不會對自己訴說內心的想法——對，甚至連自己都不說。他們只是逃離與孩子的親密關係，堅守嚴苛的教育方針，陷入憂鬱當中或加倍投入工作。

沒錯，我們的小寶貝有時會把我們逼瘋。還是嬰兒時，他們不會按時睡覺，會溢奶，會原因不明地哭上好幾個小時。稍微長大一點，他們在地上滾來滾去、拒絕穿鞋子、咬自己的弟弟。上學後，他們則帶回來可怕的成績單和老師不悅的評語。自始至終，他們的房間永遠亂七八糟，有時甚至會蔓延到客廳。到了青少年時期，荷爾蒙也來摻一腳，我們接收了一連串的壞心情，而後他們把自己鎖在房間裡，把音樂開到最大聲……

這些我們都知道。我們曾告訴自己，我們會做得比別人好，比我們自己的父母好——但最後只是失望。有孩子的生活讓我們的神經面臨嚴峻考驗。孩子哭叫的聲音、混亂的狀況、孩子永遠無法滿足的需求、孩子對於我們要求的抵抗，這些全都很累人。的確如此。但是，是什麼使我們與孩子疏遠到光是孩子的存在都能令人感到壓力？愛一個孩子並非如此容易。有許許多多複雜的動力交雜在一起，讓事情變得更加複雜……我們其實應該要從這個問題開始，沒必要再多寫一本塞滿「應該要」和不切實際做法的教育書籍。首先，應該要釐清這些控制我們的潛意識動態。面對蠢事、失望、違抗，還有孩子的情感與需求時，在我們做父母的人身上發生了什麼？

父母必須面對平常閉口不談的問題

作為母親，我觀察了自己，也對此提出質疑。作為心理治療師，我則聽過各種極端的父母反應。有對於暴力的激烈程度感到無助的父母，他們有時也被這些暴力控制，有因為自己的態度而驚訝的父母，有因為對教育問題意見相左而關係破裂的伴侶，有哭泣的父母，有憤怒的父母，有擔憂的父母……我想在這本書中談一談平常閉口不談的事。重演自身的歷史是廣為人知的現象，但我們卻鮮少談論它。我們通常會去斥責那些「不好的父母」，但我的論點不同：比起評斷自己究竟是好是壞，更需要去瞭解在我們身上到底是什麼在搞鬼，阻止我們成為我們想要成為的父母。這本書的目標是提供一些線索，好讓每位父母能重新掌控自己的行為。

本書分為四部：

第一部我們會先討論的是，孩子出狀況，父母最常出現的反應：將問題嚴重化、產生罪惡感、衝動的反應、辯解……對絕大多數的父母而言，孩子是我們在世界上最珍貴的寶物，孩子一笑就照亮了世界；寶寶的眼神讓我們感動；小小孩的笑容讓人融化……然而，我們也會傷害他們，甚至恨他們。在本書第一部，我們將關注事情的另一面，討論我們的困難、我們的黑暗地帶、我們的羞愧，還有無法成為我們如此想成為的父母所帶來的傷害。

第二部剖析我們過分行為的原因。我們對孩子行為的反應，呈現的不是我們長大之後變成的樣子，反而更是我們自己的經歷和童年。然而，面對孩子時的過分反應，並非全都源於我們久遠的經歷，生活中沒有如此簡單的事，所有的行為都有多重原因。在第二部中，我會特意區分出生理、心理、社會起因，還有當前的動力與來自我們過去經歷的動力。重要的是，要記得在真實生活中，有許多的原因同時存在，而且，通常是在許多源頭匯聚之後，才讓我們的行為變得如此頑固，且難以改變。在之後的篇章，我希望能夠讓你真正瞭解，複雜未必等於難解；相反地，過度簡化會讓我們的人生更加麻煩。

第三部會依照孩子的年齡層來討論。每位父母未必會在孩子的每個年齡層都遭遇困難，而每個年齡層也都帶來新的挑戰。我們將會追蹤孩子從出生到青年期的變化，更會追蹤我們面對他們時的變化。

接著到第四部，我會邀你進行一趟內心之旅。能夠理解，很好。有所改變，更好。第四部是個實用手冊，能在日常生活中給你指點，並修補已犯下的錯誤。儘管那本名作使用了令人震驚的書名[2]，但六歲之前的一切不會決定孩子的一生，孩子對於我們態度的轉變也很快就能做出回應，我們隨時都能重新調整一段關係。

在這個階段，請挑選一本美麗的筆記本，以便記下你所遭遇的困難與獲得的成功。它將迎接你的暴怒、淚水、笑容，它也會在喪氣的時刻，幫助你掌控狀況，它會是你的旅途日誌。

作為父母，需要對自己寬容嗎？事實上，對自己破壞性行為的寬容和罪惡感往往是相伴而來的。因此，我想要大力推動以真正的自我尊重來取代寬容，也就是不帶一絲寬容地誠實面對我們過分的行為，但也不對任何人進行批判。我們可以告訴自己：「我之所以這樣做是有原因的。接下來，我只需要去找出原因，好讓我找回能以真正想要的方式去行動的自由。」

所以，在接下來的章節中，我想邀請你不帶一絲寬容地面對自己的真實狀況，但請記得尊重自己，甚至溫柔以待。

2. 指費修茲．道森博士（Dr. Fitzung Dodson）的法文譯本《六歲定終生》。其英文原著書名則是《如何育兒》。

獻給在那場演講結束後，前來向我吐露心聲的那位女士：

「我不敢在大家面前說話，但我想過來告訴你，我從沒愛過我的女兒，她十二歲了。當她問我愛不愛她時，我說謊了。我不能告訴她我不愛她，因為也不真的全然如此。在演講中，就算那個人再怎麼說每個人都是以自己的方法去愛，我知道自己從來沒能愛我的女兒，我為此相當痛苦。你是我第一個吐露這件事的人，謝謝你說一個母親可能會不愛自己的孩子。你讓我瞭解了是什麼阻止我去愛我的女兒，你重新給了我希望。我替她謝謝你，也替我自己謝謝你。」

謝謝你告訴我這件事，你給了我去揭開禁忌的勇氣。

去愛並非如此容易……

PART 1

當我們面對孩子時……

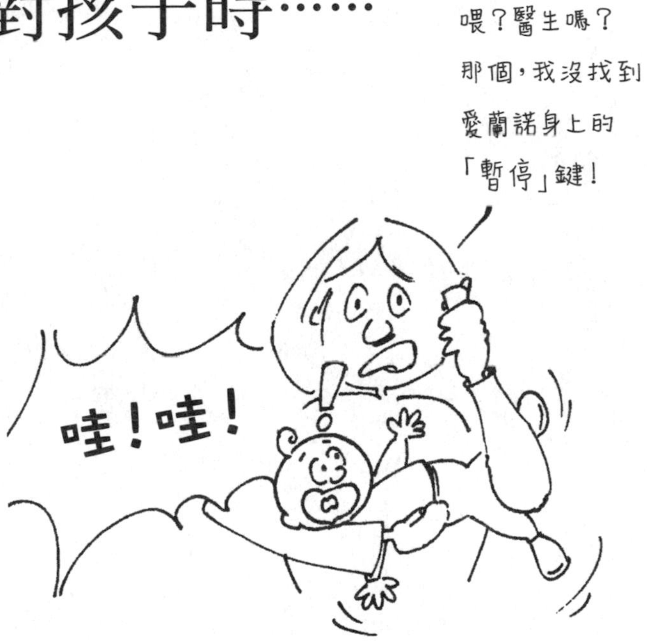
喂？醫生嗎？
那個，我沒找到
愛蘭諾身上的
「暫停」鍵！
哇！哇！

我們的孩子是……我們的孩子。面對他們時，我們都希望以大人的姿態行事，作為父母給予他們保護、溫柔以及支持，我們希望知道如何在這個世界中指引他們，讓孩子也長大成人，且盡可能地成為幸福的男女，對自己感到自在。我們覺得需要對孩子的教育負起責任，希望能引導他們成為優秀的人……但我們也可能無法完成這項任務。

有些父母會暫時「脫節」，有些則不停吼叫。有一些在面對嬰兒時得心應手，但當小孩開始跟他作對時，感到難以應付。不過對有些人來說，狀況正好相反：面對新生兒巨大的依賴性，他們感到無助，但孩子會表達後，便感到輕鬆自在。有些人比較擅長面對女兒，有些則擅長面對兒子；有些人面對年紀小的孩子時較為輕鬆，有些則是較善於面對青少年；有些人只嚴格對待一個孩子，其他兄弟姊妹得以倖免。有些父母一直在生氣，有些則一直在擔心。我們也會做出過度的反應，或是深感無助；我們會做出沒有幫助的懲罰，為了雞毛蒜皮的小事發怒，或是相反地，在孩子面前失去反應能力……

是什麼讓我們有時候無法以自己希望的方式來面對孩子？

① 你有誇大嚴重性的傾向嗎？

晚餐時，賓客打翻了酒杯，我們急忙過去擦拭，告訴他「沒關係」，讓他安心。如果這發生在孩子身上呢？老實說吧，我們比較可能會指責他：「你不能小心一點嗎？」「看吧，還嫌不夠麻煩嗎？」「你以為我除了清掃，沒別的事要做？」在家裡，打翻杯子馬上就會成為一場大災難。

事實上，只要事關自己的孩子，所有事情似乎都有了不同的嚴重性。我們習慣原諒或最小化別人孩子的行為，並放大自己孩子的行為。朋友的九歲小孩在開始放洗澡水時忘了塞住浴缸排水孔，半小時後，洗澡水顯然一直還沒放滿，因為水就這樣一點一點流掉了。你原諒了他，並抑制他爸爸想懲罰他的強烈欲望，你甚至替孩子辯解：「沒關係啦，難免的，他沒注意。」但你的同齡孩子做了相同的「蠢事」，你會因為他的粗心而惱怒。我們必須承認，當別人做出我們無法接受自己孩子做出的行為時，我們可以馬上原諒他。對於其他人，我們的反應通常會更有分寸、更有智慧，也因此更有效率。

無論是孩子們做的「蠢事」、他們的成績、他們的行為，大部分的父母常會無法正確評估事情的嚴重程度。一次糟糕的成績就讓留級甚至失業的陰影籠罩我們的心頭，他沒擺餐具、他把鞋子隨便脫在玄關、他把外套忘在學校、他把數學課本忘在學校而無法寫作業、他挑食不吃青豆或魚、他用電腦的時間超過了允許的時間……然後就是怒吼：「我怎麼會有這樣的孩子！」

父母替自己辯解：「這已經不是第一次了，我之前總是口氣和緩地要求他，但結果總是一樣。」言外之意是，最新的問題都是「壓死駱駝的最後一根稻草」。但真的是這樣嗎？**當孩子的行為不如我們所願時，有沒有別的事情才是升高我們心中憤怒的因素？**父母似乎總是被迫以暴力來回應，孩子的「錯誤」或「蠢事」讓我們陷入極端緊繃的狀態，讓我們自己也開始說出蠢話：「雨果，馬上過來。如果我數到三你還沒過來，你就等著我打爛你的屁股！」精簡地說，這句話裡面的許多字眼大家都耳熟能詳。所以，雨果到底做了多嚴重的事，值得被「打爛屁股」？他之前已經做過了什麼，才迫使媽媽以體罰作為威脅？我看著受害者艾美琳。她剛剛沒有瘀青，也沒有流血，正跑著去找自己的同伴。這時候她被哥哥推了一下，跌倒了，就跑去向媽媽告狀。這正是雨果犯下的大錯。沒錯，推人當然需要被處罰，但更需要弄清楚原因：哥哥攻擊妹妹的動機是什麼？

「打爛屁股」……這明顯是過當的威脅。雨果到底做了什麼嚴重的事讓媽媽說出這樣的話？打屁股的效果有限，威脅要打屁股也是，更別提那些我們不會真正實行的誇張威脅……然而，幾乎所有父母都有過這種言語過當和濫用的經驗，有時，也體驗過打小孩代表的權力。我們無法控制自己情緒化的反應，這些反應導致我們採取了未必符合自身主張的教育態度。幾乎每個人都曾因為不值得令人如此憤怒的事件而怒不可遏。我們心知肚明，也因此感到愧疚。

「那是他的錯！他已經把我逼到臨界點了，他從來不聽話，他很懶惰，他天生就這樣，他真的令人難以忍受……」要接受自己在用語或行為上的偏差並不容易，一般而言，我們會把責任丟給孩子。

奇怪的是，儘管我們的吼叫顯然效果有限，我們卻不會停止。是什麼讓我們繼續選擇這條路，即使我們知道它只會通向失敗？「我知道這沒有用，但我就是忍不住要這麼做。」有些人不打算制止自己這麼做：他們替自己的吼叫辯解，不去質疑自身的教育風格是否恰當，雖然他們也發現所有壓制性的態度都是沒有用的。他們的言論就足以證明這點：「他完全沒改變，總是這個樣子……不管我做了什麼，不管再怎麼懲罰他，他還是又這樣做……」

在我們身上，發生了一些超出我們控制的事，也超出了我們指責孩子所做之事的真正嚴重程度。

我們的激烈反應是因為孩子的行徑太過誇張？或者，我們是為了替自己激烈的情緒化反應辯護，而誇大了孩子的錯誤？

②爸爸和媽媽的管教方式不一樣？

做母親的比較容易誇大事情的嚴重性，常常因此受到老公指責……但研究指出[3]，只要日常管教的任務落到爸爸身上，他們也會得到相同的「病」。因此，誇大嚴重性似乎是這份職責中固有的現象。

我們常常說：爸爸比較不敏感，媽媽則會因為不要緊的一點小傷就大驚小怪。我們想要以男女的生理差異來解釋，但是，家庭主夫——越來越常見了——也會表現出跟太太一樣的過度敏感，也同樣會放大所有事情的嚴重性。這是面對「照顧寶寶」這項任務的內在調適。

如果男人對於孩子的經歷較不敏感，常常認為「這沒關係」、「事情會解決的」，那似乎只是因為他們瞭解得較少。他們跟孩子比較不親近，也無法好好衡量孩子的能力與需求。此外，還得加上男性習於尋求解決方法，嚴肅直接地面對問題，展現自己的強大而讓太太放心……他們很少會花時間來評量困難。有人針對未滿三個月大嬰兒的父親做了研究。根據統計，男性無法正確評估小寶寶的各種可能

3. 塞吉．希寇提（Serge Ciccotti），《瞭解寶寶的一百個心理學小實驗》（*100 petites expériences de psychologie pour mieux comprendre votre bébé*）。

性。有人甚至已經用體罰來改變寶寶的行為，而我們知道，對於這個年紀的孩子，他們的行為並非自己所能控制。

管教問題是伴侶之間最常見的爭執來源，只要雙方都沒有說出自己真正的動機，討論就不會有結果，而且充滿衝突，令人痛苦。

經驗和科學研究顯示，最好信任主要照顧孩子的那一方。但是，通常另外一方才是伴侶中掌握權力的人，因為是那個人外出工作賺錢養家，而且對於什麼該做、什麼不該做有非常清楚的想法。每天和寶寶相處的那一方則有所懷疑，因為所遭遇的真實狀況讓所有的確信消失殆盡。可惜的是，在我們的社會中，懷疑與猜測不如真正的知識有價值，反而是表現出「知道」的人自然會被認為是有道理的人。而管教問題造成的衝突，其實來自於每個人都想要以自己的道理說服對方。然而，指出誰對誰錯並沒有什麼益處。一起分析孩子的需求和現實狀況，嘗試、懷疑和研究才是更有建設性的做法。

當父母親其中一方比另一方更嚴格時，為了不破壞自己的權威，他（她）通常會要求對方支持自己，不要唱反調。但值得注意的是，我們反而很少會聽到：「當我在聽兒子講話，試著讓他說出困擾他的事情時，請你不要介入，破壞我和他的關係。」最專制的父母之所以需要我們與他站在同一陣線，是因為他的立場薄弱，只透過濫用權力而得以成立。既然每天負責照顧孩子的人比較敏感……那為什麼不邀請最嚴厲的那一方來換換角色一星期呢？

③ 自我的形象與罪惡感的重量

草地上擺著五十幾張桌子，我們吃著東西，有說有笑。突然間，一陣石子雨落在我的背上——我轉頭一看，發現一個大約兩歲的小女孩，正因為自己行為的後果而感到訝異。整桌的人都開始指責她，尤其是她的父親，儘管音量不大，卻嚴厲地訓斥她。

面對這個她無法瞭解的激烈反應，我發現她不知所措。她只是在玩，沒想到會弄痛別人……所以她做出所有同齡孩子在無法瞭解、感到迷惑時會做的事：為了瞭解剛剛發生了什麼，她要再做一次同樣的事……她盯著爸爸的眼睛，抓起一把小石頭。

許多父母因為遺忘了兒時的情緒，會將這種態度視為放肆無禮。**他們沒發現自己過度的憤怒才是孩子重複同樣行為，試著去掌握無法理解之事的原因。**

我發現這位父親皺著眉頭看著他的女兒，於是馬上介入：「她沒想過要弄痛別人，她應該也很驚訝……」父親轉過身來對我說：「您的盤子裡有石頭嗎？」「沒事的，我只有背上被扔了幾顆。」我們交換了幾句話，時間正好足以緩和緊張的氣氛，並讓小女孩聽到她丟的石頭打到了別人。然後，她就放掉了手上的石頭。

在公共場合，事情總會變得更複雜：因為那裡有別人的眼光，我們的孩子必須要乖巧。我們往往把外界的眼光想像得很嚴厲，因此更難以忍受孩子的偏差行徑。我們這麼害怕別人的評斷嗎？就彷彿孩子的荒唐行為代表著我們——如同孩子做的不單是一件蠢事，更是傷害我們形象的事。我們想像著自己會蒙受的恥辱，當孩子受到關注時，父母的愧疚感也從來不遠。

無論在公共場合或私底下，父母肩上的責任確實很重。孩子一直咳嗽，我們就指責他沒有好好照顧自己：「你昨天沒穿外套……你看吧……」我們常常試圖讓孩子感到內疚，好平息我們自身的內疚感。我們確實沉浸在一種「指責錯誤」的文化中。無論遇到怎麼樣的損害，最常自然爆發出來的問題是：「誰做的？」而不是「該怎麼補救？」就好像找出罪魁禍首比找出解決問題的方法更重要，我們天天因為這個觀念而受苦。

需要「做得好」、擔心他人或我們對自己的評斷，這些有時讓我們無法掌握真相，也會使我們無法判斷，甚至做出不公正的行為。

我們現在以得知自己的兒子在學校打了朋友的父母為例，如果他們內心有足夠的安全感，他們會自問「發生了什麼？」並開始聆聽孩子的說法。如果他們因為個人悲劇或個人經歷而變得脆弱，反應則會截然不同。他們可能會否認，因為正視事實太過痛苦，他們寧願不去面對：「那不是真的，我不是這樣教育我兒子的，不可能，說謊的是你。」為了不失望，他們迫使孩子壓抑、說謊。而另外有些人，則是無法接受自己的孩子是加害者。「不，他沒有打別人，他是在自我防衛，對吧，希利爾，你是在自我防衛吧？」孩子不得不避開眼神，他也要對父母說謊。怎麼能讓父母失望呢？這些看起來非常保護孩子的父母，十分需要把自己的孩子理想化，並把自己視為好的父母，這比什麼都重要。孩子在這個祭壇上自我犧牲，也壓抑了自己的情緒。他發現他沒有做自己的權利，他是父母的延伸，是這個理想化的形象。對這些父母而言，愛與理想化是同義詞，否認事實則能讓自己免於痛苦。

父母也會自我指責：這一定是我的錯，我忽略了什麼？是因為我跟他爸爸離婚嗎？我太嚴格或太好說話嗎？這些問題使媽媽們困擾，因為媽媽們特別會以此來辯護。自尊心受傷可能會嚴重到讓父母間接地怨恨孩子帶給自己如此卑微的形象。而後就是一連串的貶低，為了不傷害孩子，父母自我貶低，把所有錯都歸咎在自己身上——而如此一來被免除責任、獲得豁免的孩子，也被剝奪了自我。

有的父母則會對孩子施加嚴厲的懲罰。當他們太無助時，就會想要找出錯誤的一方——是我的錯，還是孩子的錯？——有的父母會有罪惡感，但有的卻會指控小孩，甚至在暴力的誘惑下懲罰孩子、打孩子，試圖藉此從自己無法掌控的孩子身上，重新取得權力。他越埋怨孩子讓他陷入困境，讓他「不得不打人或懲罰」，他就會打得越大力。他可能會指責孩子：「你簡直讓人難以忍受，你是魔鬼的化身。」無論我們再怎麼因為那是自己的孩子而愛他們，但是當他們激怒我們，令我們無法理解或忍受時，在他們身上貼標籤、下評斷的機率還是會變得很高。

「他很遲鈍」、「他過動」、「他……」這類定義都是對抗自尊心受傷的嘗試。這是父母讓孩子為發生在自己身上的事情負責，並藉此擺脫責任的方法。然而，如此一來，父母不但讓孩子遠離了自己的內心，孩子也常會回應我們為他們下的定義，他們的頭腦會將我們的評語和評斷解讀為命令。一方面，害怕讓父母不高興的想法對孩子造成壓力，他必然會變得更加遲鈍；另一方面，因為父母是大人，一定比自己懂得更多，所以父母對他的看法變成了他的特徵。父母之所以這麼說，是因為他應該要這麼行事。受困在父母對自己的評價中，孩子不會有辦法解決自己的問題，這個問題往往會越來越嚴重，使他成為越來越難讓人喜愛的小孩。

父母身負重任，卻未獲得充分的幫助。如同我們先前所見，為了逃避責任，父母可能會否認，會把責任丟給孩子——沒用、遲鈍、惡劣、笨拙、愚蠢的是他——，或是將自己封閉在罪惡感當中。矛盾的是，父母卻很容易因為孩子的各種病痛而感到自責，但其實這完全不是他們造成的。因為，**父母並不需要對發生在孩子身上的每件事情負責**。

母親通常會因為孩子過動或得了白血病而內疚。相反地，當她指責孩子「惡劣」或懲罰他時，卻很少感到愧疚。但是，對於過動症或白血病，除了帶孩子去看專門的醫生之外，她什麼都做不了；而對於評判或辱罵，她其實可以做點什麼。

有些孩子不像其他孩子那樣令人滿意。很顯然，有一個可愛、很早就會說話和走路、學校成績好、發展良好、有很多朋友的孩子，比起有一個身體狀況不穩定、學習有困難的孩子更令人高興。我們會委婉地說那是「一個不一樣的孩子」。派翠西雅在兒子被診斷出唐氏症不久之後恢復單身；而皮耶在驚嚇之餘卻選擇了逃離。在離開前，他說：「我沒辦法當智障兒的爸爸。」當然，並非所有的父母都會逃走，大多不是這樣：有些人反而培養出珍貴的溫柔與愛。只不過，對於較為脆弱的父母，要去愛一個受身心障礙折磨，或有更常見的夜間遺尿、閱讀障礙、過動等問題的孩子，則沒有那麼容易。另外，或許只有當病症非常嚴重時，我們才會放鬆。有一天，一位重度肢體障礙孩子的母親向我吐露：「我不能說我希望這發生在別人身上，但我必須承認，當我看著其他家庭時，我發現比起身邊大多數的人，我們的日子更加幸福。我們常常笑，我們愛著彼此，我們知道什麼重要，什麼不重要。」這是多麼美好的一課！因為，她說得很有道理。我們得承認，我們忘了在每一刻慶賀自己的孩子身體健康、身心健全，而我們的要求侷限了家庭獲得幸福的能力。

為什麼當我們的孩子「不一樣」時，我們會如此內疚？我們有時甚至會不知不覺地因為他們賦予我們的形象而怨恨他們，彷彿他們就是我們自己的延伸，也是我們身分的一部分，他們的行為與結果似乎就是我們的行為與結果。

他的成績很糟糕？這些成績就好像是我們自己的成績一樣，傷害了我們。沒錯，對某些父母來說，這確實是他們的成績，因為他們替孩子做了作業，但這只是極少數的情況。我們其實怕孩子面臨的困難會突顯出我們的缺失，如果他失敗，如果他不是好學生，那是因為我們不是好父母。滿分二十分的數學考試他只拿了三分，那就好像我們在滿分二十分的父母教養測驗中只拿了三分一樣。我們總是必須找出罪魁禍首，有些父母會負起全責，他們怨恨自己、後悔離婚，或認為自己跟孩子的溝通不足。有些則會指責小孩，逃避自己的那份責任。還有些會直接了當地說：「你真讓我丟臉，別人以後會怎麼看我……」

有個媽媽在斥責女兒：「你哭成這樣不覺得丟臉嗎？大家都在看你。」但很明顯地，覺得丟臉的是她自己。她相信女兒的哭聲引來了必然對她帶著斥責看法的眼光。情況當然不是如此。她認為來自路人的斥責看法，其實只是延續了她自己的父母對她的評價。

作為父母，我能承受教師帶著優越感或嚴厲的眼光嗎？在朋友的討論中，當其他人炫耀孩子的成功時，我要如何脫身？別人的眼光可能會讓人非常痛苦。

一個不成功、反抗或頂撞的孩子，一定會傷了父母的自尊心，即便這並非他所願。如果父母在情感層面相當堅強，他們能夠超越這種傷害，並開始注意這種「偏差行為」表達了什麼需求。如果他們沒那麼堅強，他們可能會否認、懲罰、反過來傷害孩子，或甚至對自己生氣，產生罪惡感。所有的防衛機制都只會加深父母與孩子之間的距離。

因為怕自己被當成壞媽媽、壞爸爸，父母會做出許多犧牲，而這些犧牲只會讓父母在潛意識中產生對孩子的怨懟。一個想要達到完美的父母，常常會因為無法做到而憤怒，也因此埋怨孩子妨礙他達成目標。所有的母親都是壞母親……也都是好母親。事實上，如果她們不那麼追求要當個好母親，她們會是更好的母親。

當一個媽媽太過在意於要當好媽媽，她便不再去聆聽內心的訊號，她辨識不出真正的需求，無論是自己或孩子的需求。她做「應該」要做的事。她照著她相信的、學到的模式來行事，或是照著在這種狀況下必須做什麼的想法來行事。

瑪婷抱怨自己沒辦法在十八個月大的女兒哭泣時，成功地安撫她，而她的女兒常常哭。我觀察發現，當薇克朵開始抽噎時，瑪婷把她抱在懷裡輕撫，小女孩很快就平靜下來……但幾秒鐘後，她又更大聲地哭了起來，一邊叫著「媽媽、媽媽」。但薇克朵就在她的懷裡，這樣的呼叫讓瑪婷難以理解。事實上，對一個旁觀者來說，很明顯地，她把女兒抱在懷裡太久了，因為瑪婷想要當一位好母親。在她的想法中，一位好母親會回應孩子，當孩子哭泣時，會把孩子抱在懷裡。但是薇克朵已經十八個月大了，她已經長大，只需要一次安慰的愛撫就夠了。

我把這些告訴瑪婷，請她試著把女兒抱在懷裡一下子就好。然後，當哭聲開始平息時，就把女兒轉過來朝向外面。果然，薇克朵很快就自動離開瑪婷的懷抱，跑去找玩具，瑪婷為此感到驚訝。其實，薇克朵只有在要讓自己平靜下來的這段時間裡，需要媽媽的懷抱。不過，因為媽媽一直輕撫她，而且媽媽懂得更多，所以她留在媽媽的懷裡。但是她不再感到自在，所以又開始哭泣。她困在對母親的忠誠中，就像她的媽媽困在那個刻板觀念中：「好媽媽會在孩子哭泣時愛撫他。」

「好媽媽」通常是一套僵化的刻板印象，孩子的需求隨著成長的每個階段而變化。不過，雖然媽媽們特別容易受到必須當個「好媽媽」的觀念影響，爸爸們也逃不過這種形象，他們也想當個「好爸爸」。有時候，尤其是當他們不太滿意自己對待孩子的行為時，他們會試著說服孩子：「你去找看看有沒有像我一樣的爸爸，像我一樣好的爸爸，你知道嗎，你很幸運……」

大家都想站在好的那一邊，這是人之常情。但是，當孩子需要我們認清現實時，執著於一個理想化的形象是令人遺憾的。許多父母將自己封閉在好媽媽、好爸爸的形象當中，因而拒絕所有對於自己態度的質疑。他們不願意聽不同於自己的意見，他們始終不去關心孩子，也無法瞭解孩子為何試圖在彼此之間畫出距離。當父母不能忍受健康、有幫助且能讓他關注孩子的罪惡感時，他往往會堅持這個信念：我是一個好媽媽／好爸爸。

艾曼紐爾三十二歲，他不想再見到自己的母親丹妮絲，更不想把自己的兒子託給她照顧。丹妮絲無法理解，她說：「我一直是個好媽媽。」她是對的，我們可以相信她的話。她從來不讓一絲絲的罪惡感干預她，她幾乎沒有好好看過、聆聽過艾曼紐爾。她一直在擔心自己，以及自己作為母親的形象。她是一個好媽媽，但她的兒子卻缺少了真正的關愛，在她身旁時，他並不快樂。她未曾注意過兒子真正的需求，她依據母親應該付出什麼的形象來付出。當艾曼紐爾抱怨自己在媽媽眼裡從不曾存在過，當他指責母親的某些行為時，她大喊：「我兒子在編故事，事情不是這樣的。」她拒絕承認在自己認為的事實外，可能存在著另一種事實：「他小時候不是這樣的，那時候一切都很順利。」她很堅持。

當孩子向父母詢問關於自己兒時的問題，父母沒有思考、描述和敘述，而是回答「一切都很好」時，你可以將這句話解讀為：「我沒有注意過，我只專注在自己身上，我沒看見（我也完全不想看）任何發生在你身上的事。」

因此，我們必須學著承受一定程度的健康罪惡感，它能讓我們與孩子建立直接的關係，而不是與那些定見建立關係。罪惡感能讓我們不會傷害他人，而我們有保護孩子的責任，所以我們應該注意，不讓孩子受傷。

身心障礙的孩子會吸引我們去保護他。當我們因為一個孩子遭遇的困難而給予比起其他孩子更多的照顧時，我們更會覺得需要為他的人生負責。更需要負責……但在這場考驗中，我們的心聲未被聆聽，也沒有人陪伴。我們不僅會感受到更多的責任，也會更有罪惡感。罪惡感有一部分與我們必須提供更多的保護有關，另一部分則與挫折和覺得發生在我們身上的事並不公平所造成的憤怒有關。我們之所以認為這是發生在「我們」身上的事，是因為我們常常忘記這些事情其實是發生在「孩子」身上。

是的，這並非全都是父母的「錯」。不幸的是，我們常會把責任歸給自己。請學著讓事情回到正確的位置，我們只對能控制的事有責任，而這樣的事已經很多了。

如果能夠減少自己的罪惡感，我們就不會那麼追求完美的形象，也更能承擔自己的責任。哪個父母不曾因為怕被視為不好的父母，而猶豫要不要帶孩子去治療膽怯、閱讀障礙或夜間遺尿？我們會以各式各樣的理由來推託，但事實擺在眼前：大部分的父母都遲遲不去瞭解問題的嚴重性和帶孩子去就醫。

孩子並不需要完美的父母，他需要夠好的父母，也就是那些試著盡其所能照顧他、保護他和養育他、避免傷害他和讓他過度失望，但也知道自己會犯錯，願意承認錯誤的父母。孩子願意接觸的不是一個「角色」，而是一個人，一個「真正的人」，一個有情緒、有自己的需求、有想法和價值觀、有能力和極限的人。

有些父母感受到過度的罪惡感，也有感受不到或不願感受罪惡感的父母。這些父母可能會困在一種惡性循環中。因為，當我們傷害別人時，無論是有意或無心，由於無法面對自己的罪惡感，光是看到被傷害的人，就會讓我們難以忍受，因為那使我們想起了自己的不光彩，我們討厭那些讓我們感到罪惡的人。

同樣的，父母可能難以去愛一個有缺陷的孩子，只因為孩子帶給他這種罪惡感。父母可能會從身體上疏遠孩子，逃避孩子的目光，也試著逃避自己的目光，或者可能會變得暴力，最後開始打這個反映出自己的不光彩的孩子。

我們不可能永遠處在「巔峰」。當我們睡眠不足，或正處在艱難時期，吶喊是人之常情。沒有人——尤其是我們的小孩——期待我們是完美的。但是，因為我們自己背負著這種對完美的要求，因為我們想要當好媽媽、好爸爸，我們一方面會合理化自己的行為，將其稱為教育行為，另一方面，我們不敢尋求協助，彷彿那就等於承認我們的無能。然而，第三者的介入能減輕我們的壓力。為什麼我們總是想獨自承擔一切？尋求協助不僅不可恥，更能展現真正的勇氣：別再逃避現實，大膽開口吧！

④這一切，都是不由自主的……

「我說了一出口馬上就後悔的話，就好像說那些話的人不是我一樣。」

「我什麼都沒想，那是不由自主的，在我反應過來之前，就出手了。」

「事情就這樣自己發生了。」

某些情況和孩子的某些行為會引發我們非常迅速的直覺反應。當這些行為超出掌握時，我們往往會說那是「自發」的。但真是這樣嗎？事實上，比起「自發」，它們比較是「不由自主」的。自發性指的是某件事是自然而然，但我們無法控制的言詞或行為一點都不自然，那是我們學習而來的。其實，把自己視為一個不負責任的自動機器人，既不令人愉悅，也不能提升價值。所以，我們寧願把自己不由自主、自動的反應視為自發的，而不願承認未經思索的快速反應就只是後天習得的反射動作。這可以理解，但卻是我們不願面對的事實。

而且，這些不由自主的反應完全沒有教育意義。我們知道這件事，但未必總是願意承認，而我們也不太喜歡這樣。我們所反映出來的自身形象令自己感到沮喪。女性會說：「我像我媽媽，當我發現自己跟她一樣地吼叫，跟她說一樣的話時，我很討厭我自己。」疲憊、壓力的累積、責任、憤怒、無力感……這些全都聯合起來，我們不再是為了一個明確的目標而有意識的行動。在緊急狀況中——父母經常處於或自認為處於緊急狀況中，因為這也是把事情嚴重化的另一個層面——在當下的激烈性中，我們的回應（也就是習得的反射動作）是不由自主的。因此，我們會以為自己是無法掌控的驅力的受害者。

讓我們稍微複習一下這個詞：驅力。它是生物性的，它為生命服務，讓生命得以維持和演進。生命驅力、死亡驅力（但不是自殺的驅力）、保存的驅力、性驅力，這些對我們來說都是必要的，也是必須滿足的。它們是生命能量的基本運動。對這個字的濫用會造成混淆，讓人以為需求的滿足具有強制性。

當我們對孩子的舉動或話語超出了我們的意圖，那其實鮮少與生物驅力有關。我比較傾向使用「衝動」這個詞。這些舉動是學習而來的，是文化上的而非生物性的，是衝動或強迫性。一個突然的動作可能只是衝動所致，也就是說，是一時間由潛意識的因素所激發。反射腦或情緒腦會迅速地解讀接收到的資訊，在未獲得大腦更高層級的許可之前，就先送出動覺反應。衝動是迅速，但可以控制的。反之，強迫性則難以控制。

孩子弄壞了一件物品，父母可能會感受到一股攻擊性的衝動，想要賞孩子一巴掌、體罰他、壓制他，但不一定會真的付諸行動。有時衝動太強，父母無法抵抗而出手打耳光或粗魯地對待小孩。如果這種情況沒有一再發生，那就只是一股衝動。

當孩子的諸多行為引發了攻擊性衝動或其他的衝動[4]，我們就可以談及「衝動性格」。衝動性格是有原因的，也可以被控制。

在強迫性的狀況中，父母無法控制自己的舉動或語言。這就好像他們經常「為了一點小事」就「指責、攻擊孩子」。強迫性是我們的潛意識為了避免焦慮而引發的。我們之後將會再談到這份焦慮的起源。只要能確實認清強迫性屬於我們，而且不具有教育性，那麼強迫性也是可以治癒的。強迫性並不是必然性，瞭解兩者之間的差異很重要，如此才能避免去指責深受強迫性之苦的父母。如果他們潛藏的焦慮未被聆聽，他們就無法控制對於強迫性的上癮，這是無法由他們的意願所控制的。

某場演講前，我正在講臺上準備，一位年輕女性過來找我說話：「這是我第二次來聽您演講，我想要跟您道謝，上一次，您告訴大家打耳光會讓孩子受傷，多虧您，我再也沒打過我的女兒。我也想告訴您，家裡的氣氛改變了。您說的關於體罰的那些話，大大地改變了我和孩子之間的關係。我替女兒謝謝你，也替我們的家謝謝你。」

某些父母在得知打耳光、打屁股或批評孩子對孩子有害後，就停止了這些行為，這位女士就是證明。這些父母以前之所以這樣做是因為不瞭解和缺乏意識。只要父母窺見了其他的可能性，他們就會借助這些可能性。而另一些父母無法立刻停止，因為他們的行為不完全由自己的意識控制，他們需要時間來學習如何制止自己的衝動性格。還有些父母對於改變真的無能為力，需要協助才能改變自己的行為。這就跟有些人很輕易地就能戒菸，有些人則難以成功一樣，因為這與強迫性有關，而他們對強迫性有依賴感。

打孩子、貶低孩子可能會帶來我們沒有意識到的好處。只要這些好處未被釐清，對做出這些舉動的父母而言，要改變就相當困難。父母打孩子並不是因為惡意、樂趣或內心的邪惡，他們是受到了衝動的驅使而打孩子或傷害孩子，以此來避免自己被焦慮淹沒。無論如何，暴力都與孩子的行為無關，他們的行為頂多是引爆點，而不是原因。

4. 通常，衝動是向外界發洩的，但也會發生父母把攻擊性轉向自己、感到罪惡或馬上去抽菸、喝酒的狀況。

⑤ 當衝動變成強迫性

夏日的郵局裡，十幾個人在排隊，熱氣逼人，一個四歲左右的金髮小男孩哭了起來，媽媽打了他的屁股：「你能安靜下來嗎？」很明顯地，生氣的是媽媽。她抓著小男孩的手臂，不讓他跳上跳下，他開始亂動，試著逃脫。「我會打下去喔！」她舉起另一隻手威脅。當她一放手，孩子就朝一根柱子跑去，繞著柱子轉。她再次抓住他，又打了他。他哭了，然後跑到遠一點的地方玩。不久之後，他跑回來，忘了媽媽剛剛在生氣。他笑著叫她：「媽媽，媽媽，你看！」但媽媽還沒忘記：「你不乖，所以我不跟你說話！」幾分鐘後，他又開始調皮搗蛋，於是媽媽又打了他一下。他跑到遠一點的地方坐著，哭了起來。

排隊中的客戶尷尬地看著彼此，沒有人敢介入。他們視而不見，聽而不聞。如果我要以有建設性的方式插手，會需要一點時間，但我偏偏在趕時間。看到那位媽媽身處人群之中，卻如此孤單。我只好走向她，「笨拙」[5]地對她說了這些話：「我知道您很生氣，但是比起打他或吼叫，還有其他更好的方法來讓孩子安靜下來。」

「這不關您的事！」

「不，這關我的事。我不喜歡看到小孩子受苦，但我可以想像您小時候也被打過。」

「那並沒有給我帶來什麼傷害！」

在之後的簡短對話中，我試著讓她相信我不會批評她……但徒勞無功。我的話語撞上了一張充滿敵意又難以接近的面孔。我離開時想著：「不，女士，你確實受到了傷害，我可以從你臉上的緊張神情看出來，我可以從你對一個有點好動的兒子發火中察覺到。您小時候一定發生了什麼，您一定壓抑了許多情緒，為了不去感受到這些情緒，而讓自己變得冷酷。」

這位媽媽應該可以發現她的體罰、喊叫或威脅都是無用的。她越打，小男孩就哭喊得更激烈，並試著掙脫。但她還是堅持繼續這麼做，並且在我面前替這個顯然無效的態度辯解。

溫和地跟孩子說話，把他的注意力轉移到周圍環境上，讓他對某些事物感興趣應該會更有效，但這並不在這位母親的育兒工具箱中。在她的選項中，只有一種可能性：壓制，因為這是她小時候從父母那邊學到的。

5. 會說「笨拙」，是因為我把自己放在比她優越的位置，就像是一個瞭解的人面對一個不瞭解的人一樣。沒錯，我並不完美。儘管我有執業經驗，也仍會有說錯話的時候。當時我如果只給她協助，或直接去處理孩子的狀況，會比較適當。不過，我在此還是記下我那天說的話，它們引發了之後的對話。

這位無助的母親，透過模仿，以濫用權力來重新感到力量，抵銷了心中深深的無力感。如果暴力舉動偶爾發生，那是衝動。如果父母無法克制自己為了一點小事就打小孩，就牽涉到了強迫性——看見這位母親不由自主且明顯為慣性的體罰，我們可以認為這是強迫性。

想要羞辱、貶低、評斷、體罰的強迫性，是把我們兒時被壓抑的憤怒發洩到自己的孩子身上。原本的怒氣會因為當年無法表達所造成的壓力、沮喪、羞辱感而被放大。當它讓我們回想起自身經驗中被迫的沉默時，怒氣可能會變成狂暴與恨意。暴力的強迫性既是報復，也是治癒創傷的企圖，我們之後會再討論這一點。

⑥ 你看不到的認知失調

回到先前聽到的那句熟悉的話：「如果數到三你不過來，就等著我打爛你的屁股！」在說出這句話前，希爾薇一定沒有好好考慮過，她被不自主現象牽著走。真正說話的不是她，而是她的媽媽，她的祖母……那天早上，我才在會議中聽到她公開表達對於在課堂上打小孩耳光這種管理方式的不滿。她直言譴責了各種體罰，無論是學校或家庭的體罰。但當她這樣對著自己的兒子雨果吼叫時，她受到理性之外的因素影響，她在複製一種習慣。

她的直言譴責和對兒子威脅，這兩者之間的差距引起了我的注意，於是，我去找了雨果的妹妹小艾美琳聊聊：

「你媽媽，她真的會打屁股嗎，還是只是開玩笑？」

「她真的會打屁股！」然後，她彷彿要替媽媽辯解一樣，繼續說：「我跟你說，我什麼都沒做，是雨果害我跌倒的，我很痛！」

艾美琳已經接受了這個想法：當我們做了壞事，被打屁股是自然且合理的。雨果做了壞事，所以應該被打屁股。去弄清楚哥哥讓她跌倒的原因，對她來說似乎不重要也沒有幫助。

希爾薇很清楚打屁股對學習沒有幫助，甚至也知道打屁股的害處。但是，她還是以此來威脅自己的兒子，而且我也得知她確實會打孩子。她要怎麼處理自己的價值觀呢？

「打小孩不好」的信念和「我會賞做蠢事的孩子一記耳光」的行為間的矛盾，產生了一種緊張狀態。這種緊張狀態應該要能讓我們改變行為，使它合乎我們的價值觀。不過，改變想法比改變行為容易多了，尤其當我們的行為根植於我們過去的傷痕中時。我們會重新組織自己的信念，讓它們能支持我們的行動，而後甚至開始鼓吹「打屁股從來沒害死人」之類的說法。

美國學者萊昂．費斯汀格（Léon Festinger）分析了觀念與行為出現分歧時的心理狀態，並提出了認知失調的觀念。他將認知失調定義為「兩種心理上不一致的認知（想法、意見、行為）同時存在而造成的不愉快的緊張狀態」。換句話說，認知失調表現了一個人在經歷著與自己的想法不符合之事時，或是在想著與自己的經歷不符合之事時，所感受到的不舒服。當我們做出違背自己價值觀的行為時，我們會強烈地傾向於重新組織自己的想法，好讓它能吻合我們的行為，讓我們的行為合理化。我們也可以反其道而行，但那就是輕忽了不自主現象的力量。調整自己的想法比改變自己的行為容易，因為發現自己並未依照自己的標準來行事會令人焦慮，讓人感到內疚，而離「我不是個好人」這樣的評價也不遠了。於是，最好改變想法。當然，這是一個不自覺的過程，而且或多或少強硬地進行。

希爾薇的例子讓我們得以瞭解到，我們的行為並非我們有意識的知覺的反應，而是由潛意識的機制驅使。

誰沒遭遇過這樣的矛盾呢？面對我們的對話者，就像希爾薇一樣，我們可以否認求助過打屁股這招，或是將它的衝擊最小化，抑或是爭辯說沒有其他「掌控」兒子或女兒的方法。

我們的言論通常只是為了不讓自己因為想法與反應缺乏一致性而受苦。如此一來，我們也就瞭解了激烈爭論的原因。**在替孩子未來著想的表面下，我們其實正在逃離自己的過去。父母害怕面對的不是自己的罪惡感，而是自己童年的痛苦。**

所以，我們虛偽嗎？當然不是。在各種狀況下，我們都是絕對真誠的。為了減少不適感，我們的大腦會隨狀況調整，抑止由落差產生的焦慮。當有人能聆聽我們而不加以批評——例如心理醫師——我們才終於能有足夠的安全感來面對這股焦慮，能正視焦慮，包容心中湧現出來的被壓抑的情緒。當我們能夠承受一定程度的不一致性和一定程度的罪惡感時，我們就在正確的道路上了。

⑦ 關於那些侮辱和貶低

「肥女呢？」「真是沒用！」「喂，大象，你來不來？」「小心啊，橫衝直撞的人來了！」「這個白痴的數學又只考了五分！」「你那麼醜，別想會有男生喜歡你！」「你以為你是誰？英國女王？」

這些話讓你感到驚訝？不過，這並不是我發明的。很少有孩子沒被父母羞辱過。這些貶低的話語就像是情緒上的耳光，它們傷害了承受這些話的孩子和說出這些話的成人，以及兩者之間的關係，然而個人經歷會讓我們以為這些言語暴力無關痛癢。在國中校園裡，言語侮辱隨處蔓延，青少年們也說「我被羞辱了」，但沒有說明被羞辱了什麼。當家長想去抗議時，卻遭到孩子反駁：「你什麼都不懂，去抗議沒用的。我們都習慣了，大家都那樣講話。」

但是，當這些青少年推開心理醫師診所的大門，或是當他處在一個能說真心話的團體中，他吐露的又是另一回事。被侮辱讓人痛苦，也會惡化與他人的關係，批評和貶低會造成有害的氛圍。在班級中，如果沒有人指出大人或孩子的辱罵是無法令人接受的，那麼所有人都不會再有安全感，無論是受害者、被動的見證者，甚至加害者都一樣。內在的變化很細微，大多時候是無意識的。不會再有人願意冒險地自由表達意見，大家最後都開始演戲。

家庭裡的狀況也一樣。每個人都穿上自己的戲服，扮演能被接受的角色。有些人能跟角色合而為一，相信自己「就是」那樣，認為那就是真實的人生。

來自朋友的輕視和詆毀態度已經令人感到痛苦，若是來自父母，那就更加令人難受。就算這些辱罵已經稀鬆平常，它們造成的傷害比我們所想的更深。

網球場上，父親的評論不斷湧來：「動起來，快，動一下你的大屁股。」黛博拉奮力奔跑，但每次球掛網都引來新的批評：「你真沒用，真的，我可憐的女兒。」當我詢問這位父親時，他替自己辯解：「我沒有貶低她，我是在刺激她，讓她不要鬆懈。而我會刺激她，是因為我知道她辦得到。不然，我什麼都不會說。」這位父親真的相信自己說的話嗎？這是他減少認知失調的方法，但是他對此必須裝作視而不見——為了不再受到傷害，他的女兒替自己鑄造了一副盔甲：她把自己孤立起來，把自己封閉在厚厚的防護層當中來緩和這些刺激。當然，不久之後她就放棄網球了。她愛她的爸爸，也不怪他，她寧可蔑視自己的形象。即使她極度缺乏自信，但並未把這件事與父親的態度連結起來。而且她爸爸是如此優秀，在生活中如此從容，如此慷慨，如此樂於幫助所有的人。

她的爸爸是一個控制者。他不喜歡心理醫生，也拒絕承認自己必須對女兒缺乏內心安全感負起責任：「她就是這樣。」既然如此，他讓她如此痛苦又有什麼好處呢？好處是他能維持權力，不讓情緒爆發。他自己也曾經遭受過父親的壓制，承受過來自父親的許多羞辱和貶低。輪到他時，他自然樂於挖苦自己的女兒，不讓自己的情緒流露出來。事實上，比起控制女兒，他試著控制、試著繼續壓抑的是自己的情感。

辱罵帶來的衝擊，有時要很久之後才會顯現。瑪莉詠剛剛做完諮商，因為她對老公從來沒產生過慾望，也不想做愛。我們試著找出在她的過去中，有什麼可能傷害了她對性的態度。她向我坦承，她十四歲時「膽敢」跟一個男生去看電影，而她總是不斷回想起她母親當時說的一個字：「賤貨」。怎麼會有母親如此看待自己的女兒？悲哀的是，這個侮辱的字眼經常出現在許多母親和父親的口中。對瑪莉詠而言，傷害很深。言語攻擊的暴力程度讓她困惑，她因而相信了母親的話，並得出結論：「如果我跟男生約會，我就是賤貨。」從此以後，她消除了所有對性的感覺，因為她不自覺地幻想著如此一來，就能保有媽媽對她的愛與尊重。她曾是一個服從的小女孩，而到現在，她仍禁止自己有任何快感和慾望，也因此讓婚姻關係陷入危機。事實上，侮辱並非朝她而來，但她當時又怎麼能知道？孩子相信自己的父母，而且她的母親也從不曾為此道歉。

這些侮辱的字眼從何而來？通常，那是我們曾經聽過的，在我們年輕的時候，曾經被如此羞辱過的。我們抹去了它們具攻擊性的一面，將其內化，壓抑了所受的痛苦，這是一種防衛的動力。為了試圖讓內在的痛苦噤聲，我們將侮辱投射在他人身上。在侮辱的背後，總有著我們自己的經歷，那是仍舊令人痛苦的傷害，是情感和需求。

我們的侮辱並非無傷大雅，它們針對孩子，卻與孩子本身無關，它們訴說的是我們自己的傷痛。娜塔莉在二十歲時未婚生下瑪莉詠，她承受了他人的批評、孤立，也被自己的父母拋棄，她因而經歷了巨大的悲痛。在得知女兒與男生出去約會時，這些情感湧上心頭。她不願意聽，不願意再次經歷，於是她轉而攻擊。「妳就是個賤貨！」為了不必正視這些情感，不必正視自己的內心深處，她把這些可怕的字眼轉移到女兒身上。

侮辱、貶低、批評、詆毀、辱罵都不是教育的方法，而是暴力，就算來自父母也是暴力，而且更加嚴重。批評是為了不必正視自己，而去控制他人，就像孩子說的：「你罵我就是罵到自己！」

當我把這些告訴一位為兒子而來的父親時，他反駁道：「但他真的很沒用，我只不過是說出事實罷了，我不會跟他說他很棒，你看看他的成績！」

我耐心地向他說明如何區別事實與詮釋。我強調了「他很棒」也是一種評價，而不是客觀的事實認定。「他的成績低於平均」是客觀事實，「他很沒用」則是概括的詮釋，是針對學生，而不是對成績的定義。詮釋是主觀的，依據「我們的」經歷、「我們的」眼光、「我們的」視角而來，而非「他的」真實狀況。因為我們認為唯有自己的詮釋是可能的，所以經常難以區別事實與詮釋。更何況孩子基於服從和對一致的需求，常常會讓自己符合我們對他的評價。這種效應已獲得研究[6]，並被命名為「期望的自動實現」。我們認為孩子沒用，他便將自己置於失敗的動態（無意識的？）之中：我很沒用，所以不必想辦法解決這個問題，我辦不到的……他讓自己的想法和行為都符合我們對他的定義。他與父母為他塑造的形象越來越相似，也在自己的想法中證實了這個形象。

我們常會忘記孩子已經盡力做到最好，如果他們無法回應我們的期望，是因為我們的要求並非他們所能控制，或是因為那與我們潛意識的期許相違背。

是什麼使我們無論如何都要批評？我們明明也曾是孩子，應該會記得當自己的父母給了我們負面評價時，我們所承受的痛苦。我們之所以不記得，是因為我們當時感到愧疚，我們接受了那份評價，並把情緒封閉在心中。我們經歷過這種經驗，清楚知道這些批評有多麼違背教育意義，因為我們自己就是證明。這些批評讓我們痛苦，也並未幫助我們發展自己的能力。然而，輪到我們時，我們仍然說出同樣的話。為什麼？因為我們曾經因為批評而感到愧疚、低劣、被貶低。我們把批評內化，並認為它們是正確的。許多成年人都會在回顧自己的過去時，如此評論：「我以前是個死小孩，無精打采，讓人受不了……」他們忘了這些態度只是後果，而非起因。

我們的症狀不是問題，而是我們遭遇問題時的解決方法，或是解決問題的企圖。

當孩子的行為或結果並沒觸碰到我們過去的傷疤時，我們通常能夠理解這個行為有其原因，知道它根植在更深的麻煩中。我們會轉而去理解問題，然後去尋找解決方法，而不是去指責孩子。例如，面對一張糟糕的成績單，我們的反應會是：發生了什麼？我們會傾聽，並思考各種可能的原因：不夠用功、粗心、無法理解、特殊的困難、智力差距、面對該學科或教師遇到阻礙等。我們會去傾聽孩子與教師的關係。簡而言之，我們會將成績放在脈絡中考量，記住那只是症狀，而我們必須找出阻礙孩子的困難。

看到體溫計上顯示「三十九點五度」時，我們不會有讓孩子自己努力把體溫降下來的想法。我們知道那是症狀，重點是要診斷出病因，以便醫治。同樣的，如果孩子沒有拿到好成績，那是因為有什麼事情阻礙了他。如果我們不能發現原因，那麼孩子成績獲得改善的機會也不大。

只不過，我們的憤怒使我們盲目。我們忘了要找出原因，反而對孩子咆哮。事實上，我們的憤怒與孩子的成績無關，而是反映出我們不自覺的經歷和所受過的傷害。也因此，我們的憤怒不僅令孩子痛苦，對於讓他們進步也沒有幫助。我們侮辱孩子是為了更有效地抑制自己的情緒。但事實並非如此，事實與我們有關，而事實

6. 羅森塔爾（Robert A. Rosenthal）與雅克布森（Lenore Jacobson），《學校裡的畢馬龍效應：教師的期待與學生的智力發展》。

是：

「當你成績不好時，我覺得痛苦，就好像是我自己成績不好一樣。」

或是：

「我生氣是因為我有不好的形象，我擔心別人不知道會說我什麼。」

「我小時候太常成績不好了，我覺得自己很沒用，也一直覺得受到羞辱。你讓我又重新感受到這種羞辱。」

「以前我成績不好時，會被痛打一頓。你不要讓我回想起這些！」

「我從來都只拿高分，你要是知道我做了多少犧牲，有多用功就好了。我受不了你的日子過得這麼輕鬆！」

「為了讓你能去上學，我辛苦工作。看到你的成績，我覺得這不公平……」

貶低，是掌控他人，但更是我們試著控制自己過去受過的傷。那是我們笨拙地想要讓童年時的自己，脫離身陷其中的被貶低狀態。但比起釋放那個孩子，我們每次羞辱別人時，只是把枷鎖拴得更緊。

發現自己正在說出貶低性質的評價時，不必有罪惡感。只要先停下來，當然要先對孩子道歉，然後聽聽這個評價在我們內心的迴響。它說了什麼關於我的事？這是進入自身歷史的一扇門。

⑧ 我忍不住動手了

「我不喜歡媽媽打我耳光。」

「媽媽打你的時候，你有什麼感覺？」

「很痛，我的臉都紅了，然後我就生氣了。」

「你是怎麼想的？」

「我覺得她不太愛我。」

媽媽帶著八歲的希爾凡來找我，因為他不乖，不聽話，總是調皮搗蛋。

「你知道她為什麼打你嗎？」

「因為我調皮搗蛋。」

「你會因為這樣而不再調皮搗蛋嗎？」

「我不是故意的。」

「你應該怎麼做才能讓她不再打你耳光？」

「我不能再調皮搗蛋，我要更注意一點。」

「你能做到嗎？」

「不能，因為我不是故意的。」

他說得很明確：打耳光無法幫助希爾凡改變自己的行為，卻會讓他感到無助和愧疚。

只要體罰不是真的很暴力——不過，即使是暴力的狀況，孩子都會原諒自己的父母。他們覺得被打是正常的，也會幫忙辯解：是我們不乖不聽話，做了蠢事。但是比起身體的痛，這更糟糕，孩子覺得是自己「不好」，認為父母有權支配他的身體。莫妮可・塔茲胡的這句話，非常正確地說明了這種情況：「身體不再只是單純的挨打對象，它尤其變成了拳腳的印記。而受到傷害的，是孩子這個『人』本身。」[7]拳腳的印記，正是如此！

體罰雖然能在很短的期間內帶來行為的改變，通常它們卻是沒用的。所有父母都有過這種經驗，不過仍然無法阻止他們繼續體罰，這正證明了體罰真正的動機是無意識產生，有些父母會承認，有些則不會。從一項在美國明尼蘇達州進行的調查研究即可得到證實：一千名母親接受詢問，在過去半年中是否曾經體罰孩子？其中百分之五十四承認，而且有超過半數認為，打屁股是最糟糕的做法。

另一項調查也顯示，在使用體罰的父母中，有百分之八十五表示如果知道其他更好的辦法，他們會放棄體罰，他們承認體罰的有效期限非常短。

相較起來，父親比母親更支持體罰。父親比較沒察覺到打人的負面效果，他們不清楚體罰對孩子造成的生、心理衝擊。研究證明，爸爸對嬰兒能力的評估非常糟糕。但是，他們自己也曾是小男孩，因此，這也可能與男生比女生更常被打，而女生則承受更多的羞辱與精神暴力有關。

一旦獲得幫助，瞭解了狀況，父母就會改變。我們推出了一項為期十週的父母教育計畫，參與計畫的父母都大幅減少了體罰。這帶來了許多效果，當父母以其他管教方式替代體罰後，我們在八百零七名六到九歲的孩子身上，看到了反社會行為的減少。

「他看起來就像在討打。」對，外在行為確實對他不利，但讓我們分析一下，當你被一個應該要保護你的人打，認知失調就出現了。「媽媽是我的保護者」跟「媽媽弄痛我」是兩個無法相容的句子；孩子不是質疑前者，就是質疑後者。只不過，相信「其實沒有真的很痛」，比起相信「媽媽不保護我」簡單多了。更何況媽媽也常證實以下這個說法：「我打你是為你好，所以你不會痛。」但是，那還是會痛，這一切都令人難以理解，因此，為了弄清楚，孩子重複了導致自己被打的行為。為了減少認知失調，他變得麻木，好像不會感到痛一樣。正因如此，體罰才會引來了更多體罰。

父母很少因為孩子做了蠢事而打孩子。他們打孩子是反射作用，因為他們習慣這麼做，或是因為無知，但更是因為他們精疲力盡，被無力感淹沒。他們再也不知

---

7 莫妮可．塔茲胡（Monique Tazrout），《心理學家報》第 154 期，1998。

道該怎麼做，無法再控制自己的情緒，所以他們用打人來重新取得權力，這份對他人的權力是由傷害他人的可能性所提供，而這可能性讓人覺得值得，傷害他人是重建自己重要性的嘗試。

「我能讓他人痛苦」等於「我有權力」，也等於「我很強」。

「那讓我能夠發洩，之後我感覺好多了。」一位母親向我證實。在我們出手打人的那一刻，我們被一股破壞、掌握權力和控制他人的衝動占據。或許我們能藉此發洩，但事實上，打人的用意是壓抑自己的真實情緒。

最易怒、最沮喪、最疲累和壓力最大的父母，是最常施以體罰的父母，所以，孩子是因為父母自己的痛苦而受罰，而不是因為他做過或沒做過的事。所有父母，或幾乎所有的父母，都曾經準備對孩子動手。但是我們不應該再盲目下去，體罰不是教育的方法，那是一種我們應該學著控制的暴力衝動。

我們怎麼有辦法侮辱、指責、貶低我們最愛的人？我們永遠不敢這樣對待同事或朋友，但我們怎麼有辦法這樣傷害我們的心肝寶貝呢？

⑨只因為他處於劣勢的地位

「你可以穿得體一點嗎！」蘇菲對她十二歲的女兒咆哮，她為自己的激動態度感到驚訝，是什麼讓她如此憤怒？

她分析道：「發生了什麼事？我是對什麼事和什麼人生氣？」答案出現：從今天早上開始，蘇菲就累積了對老公的怨氣。他們見面的時間這麼少，他卻一整個早上都待在電腦前……但她能說什麼？他在幫他們的大兒子安裝程式，她還因為老公願意替兒子花時間而非常開心呢。不過，因為自己對於密切相處和親密的需求沒被滿足，卻不敢要求或承認，她於是累積了不滿。從今天早上就緊閉且不斷加熱的快鍋承受著壓力——蘇菲對女兒的咆哮，雖然讓她稍微釋放了一些壓力，但卻效果不佳，因為把怒氣發洩在一個替代品上，只會讓負面情緒延續下去。更何況，我們通常會因為這種既過分又不當的發洩感到一絲內疚。蘇菲既未感到解脫，也沒恢復平靜。如果她沒察覺到自己反應過度與失當的一面，那麼這一天剩下的時間可能在同樣的調性中展開。

的確，蘇菲可能在青少年時期與自己的母親有過關於穿著的爭執，因此，她女兒的穿著方式喚起了衝突的回憶……不過，壓抑對於老公的怒氣就已經足以解釋她為何發怒：蘇菲很緊繃，她把這份緊張發洩到女兒身上。

有時候，一根稻草就足以壓死一匹駱駝。因為一個小細節、孩子的一個錯誤，我們就開始吼叫。但有時，孩子什麼都沒做，而他的劣勢地位就足以激怒我們。他的依賴、他的期待都讓我們難以忍受。有時候，他們還會挑釁，因為孩子不僅不會反抗自己受到的對待，更常常會為其辯解。事實上，孩子似乎會無意識地讓自己順從父母的情緒需求。感受到父母內在的怒意後，他可能會惹父母生氣，直到父母釋放出困在心中的情緒。其實孩子會如此幫助父母，並非出於體貼或想讓父母釋放情緒。不過，他們是真的感受到爸爸或媽媽的緊繃，卻無法對此說些什麼，因為父母不願意談，也不願意承認。他們自己也感到緊繃，卻無法找出原因。孩子因不同的年紀，可能會哭得更大聲、動來動去來排除壓力、到處跑、跳上跳下、講話更大聲、愛哭、生氣、吸引注意力、亂穿衣服、偷摩托車、身上穿洞……然而對一位深陷於內在憤怒中的成人而言，這些都是難以接受的行為。憤怒最後終於爆發出來：「是他自找的！」父母會做出如此結論，而且寧可不去知道孩子出現這種態度的真正動機。

說真的，要找出我們憤怒的真正起因並不容易。總之，我們曾經將憤怒壓抑下來，認為不展現怒氣是比較安全的。我們常常連發生過什麼事的意識都會遺忘，更不用說我們怒意的根源可能必須回溯到好久以前。

日常生活中的不同事件喚醒了被克制的感受。孩子經常會接收到父母任何一方的憤怒，但父母往往感覺不到伴侶有這種情緒，因為另一方或許為了保護伴侶關係（怕對方因此拋棄自己）而隱藏了，但在面對孩子時就不一樣了……而且我們受的教育常常教我們，如果處於能掌控他人的情況中，我們就有權表達自己的怒火，我們的父母已經證明過了。

沒錯，對孩子來說，不幸的是，比起另一半或婆婆或岳母，他們沒那麼令我們害怕。因此，我們很難不去遷怒於孩子。所有被壓抑的怨氣，無論那是對誰的怨氣——伴侶、同事、老闆、婆婆或岳母、鄰居——都常會宣洩在孩子身上，就只是因為他處於「劣勢」的地位，且依賴著我們。

⑩ 他就是愛跟我作對！

「我受不了他跟我說不。」
「她不應該反抗我。」
「啊，他有意見是不是，他會知道誰才是老大。」
「她是有點個性，但我會制服她的。」
「他很叛逆。」
「我不喜歡她反抗我。」

當父母內心缺乏堅定的自我感覺，當他們不確定自己的地位，他們可能會對孩子表現出的反抗做出不好的反應。他們不會將孩子的抗議視為孩子自我認同感的表現，而會認為這是針對自己而來。孩子對父母所說出的「不」，被誤解為有相互關係上的意義，父母把這個「不」詮釋為一種對個人的冒犯。

如此一來，它真的變成這樣。父母越增加自己對孩子的控制，表現得越專制，孩子就越需要捍衛自己，好維持自己的自我認同感。受困在這場權力角力之中的孩子，為了不自我否認，只剩下「反對」這個選項，而拒絕與抗議則成為抵抗父母攻擊的屏障。在此情況下，「不」於是失去了意義，亦失去了它原先的功能，也就是讓孩子發展出自我認同的界限，讓孩子能回答這些問題的功能：什麼是「我」、什麼是「非我」、「我」想要什麼、「我」感覺到什麼、「我」在想什麼、「我」渴望什麼——我，和歸根究柢的問題：「我」是誰？

如果父母壓制了所有抗議或拒絕，反抗容易成為慣性，它可能成為親子關係的風格，成為一種長久的權力角力。在其中，父母常會指控孩子，因為他忘了這是自己起頭的。

「他想要頂撞我／我想要他對我低頭／他別想要反抗我／他必須服從／我要制服他。」我們都聽得出來，說這些話的父母談的是階級、地位和相對的尊卑。

要跳脫這種惡性循環，關鍵在於父母的內心。沒有孩子是因為高興而叛逆或與父母作對。他們之所以如此，是因為這是他所找到，能回應自己需求的唯一辦法。

無法承受對立，也就是無法承受他人與我們有別、與我們不同，無法承受他人有自己的身分認同。當然，沒有人會承認自己不讓孩子建構自身的認同，或是需要透過控制孩子才能感覺自己存在。只不過，對於那些難以承受孩子反對的父母而言，檢視一下自身的認同是很有幫助的。在表面下，在我們為了讓社會接受而學會戴上的面具之下，我是誰？我有深刻的自我認同感嗎？認同感越深植於體內，就越容易去包容對立，而對立也會越來越少，因為孩子需要捍衛自己的需要也會減少。

如果我是一位跟三歲女兒站在衣櫃前的母親，請看看可能會發生什麼。

如果我的自我認同感薄弱，我會要女兒穿上「我」選的洋裝。如果她讓我高興而穿上，我會感覺是自己受到了肯定：我選得「好」，我為自己感到驕傲。如果她拒絕，我會將之解讀為是我做了錯誤的選擇，我會覺得自己做個好母親的能力受到質疑。

如果我的自我認同感穩固，我會知道她需要自己選擇。我會推薦她選藍色洋裝或紅色洋裝，但會讓她自己選擇，因為無論她選了哪個顏色的洋裝，我仍然是我自己。

⑪ 小孩就是任性！

馬帝斯因為沒辦法把湯匙舉到嘴邊而氣哭了。媽媽從他手上拿起湯匙，試著餵他，這明顯地讓憤怒的哭泣更加激烈。媽媽感到無助和自責，然後開始生氣，孩子感受到媽媽的壓力後，開始吼叫。

「這個小孩真的不可理喻，我受夠他的任性了。」母親爆發了，她感到心中一股對於寶寶強烈的攻擊性。但她拒絕承認這股怒氣來自她自己，她尤其不想覺得自己「很壞」，所以把這股惡意歸咎到兒子身上，把憤怒和標籤都丟給孩子：「你愛搗蛋又任性。」

而驚恐的孩子除了相信母親的話之外，別無他法。但是，他卻無法瞭解是什麼原因讓媽媽變成這樣。他沒做什麼壞事，他是受害者……他開始感覺自己不好、有罪惡感。

媽媽也覺得自己沒有錯，她覺得自己是孩子的受害者，是孩子讓她「發狂」，讓她「怒不可遏」，是孩子在殘害她。因為孩子是如此地需要自己的父母，他不允許自己看見父母的缺失。他們對於他有完全的權力，他也非常需要相信父母永遠是正確、善良和有能力的。為了讓父母不受自己對於他們的負面情感影響，孩子便將這些情感轉向自己，也因此接受了父母對他的評價：「我很壞。」受傷的孩子因為自己被打而感到內疚。

當父母無法解讀發生了什麼，他們可能會認為孩子的行為完全沒有理由可言，於是輕易地做出結論：「他是個任性的小孩。」這既貶低了孩子，也削弱了問題的嚴重性。

根據詞典，「任性」的其中一個定義是：

1. 建立在狂想和心情上的獨斷決定和突然且短暫的渴望。接近於不堅定、輕浮、不穩定，但也與欲望、渴望、一時衝動、突發奇想、短暫迷戀類似。
2. 頻繁的改變，例如潮流的變幻莫測。
3. 不持久的迷戀、愛情或狂熱愛好。
4. 伴隨著憤怒的強烈要求。

我們可以從這些字眼中看出不穩定、不經思考、不理性的層面以及膚淺的一面。在父母的想法中，孩子的強烈要求與需求無關，而是與一種膚淺的欲望有關。那是一種突發奇想，孩子的憤怒是不合理的。

「他是個任性的孩子」對父母來說是方便的簡化：他們可以用命令、威脅或處罰來解決麻煩。但這種做法只能暫時平息狀況，因為它最大的缺點就是沒有解決問題。父母稱之為任性的，其實是需求和情緒經驗的表達，問題遲早會再次浮現。

達芬妮和帕斯卡帶著他們四歲的兒子一起前來。阿塞爾是一個機靈、自主的孩子，但從上學的第一天起，他就整天哭著找媽媽。對達芬妮而言，早上把他獨自留在學校非常痛苦。對帕斯卡來說，那只是任性。他把事情簡單化：「你得把他留在學校，他會習慣的。」但他仍然同意與妻兒一起來見我，對於探索其他觀點也表現出開放的態度。達芬妮對於兒子的痛苦比較敏感，卻對應該如何回應感到束手無策。

阿塞爾快四歲了，這是他上幼稚園的第一年。因為他是一個很機靈、喜歡學習、樂於交流且還算自主的小男孩，父母原本預期他會跟姊姊一樣喜愛上學。可是從一開始，他就黏著媽媽，不讓她留下他。老師告訴達芬妮說，等她走了之後，阿塞爾就會擦乾眼淚。因為相信老師的話，達芬妮離開了。那天晚上，她得知阿塞爾一天中絕大部分的時間都在哭。「這會過去的，你之後就會看到，他會習慣的。」老師這麼說，但情況沒有好轉。每天早上，阿塞爾都在母親要離開時感到絕望，他被媽媽不會再回來的想法嚇壞了。他的反應就像是害怕自己被遺棄一樣。確實，阿塞爾與媽媽非常親近，但正是如此，媽媽也覺得自己已經為孩子提供他需要的所有安全感。她是職業婦女，阿塞爾也習慣了與其他孩子一起在外面由別人照顧。所以，阿塞爾面對學校時的強烈情緒原因何在？他表現出對於被遺棄的害怕，這是過去被遺棄的經驗再次被喚醒嗎？我們探討了他的過去——不，他沒有經歷過可能造成創傷的分離，就連剛出生時在醫院婦產科都沒有。

當孩子過去的「真實」經驗中沒有什麼能解釋他的反應，就要再往更遠的地方尋找，要從父母雙方的潛意識中尋找。在第一次的分析中，沒有什麼引起父母雙方的迴響，不過這場諮商引起了爸爸的興趣，他決定報名「情緒」的研習課。後來在一次情緒表達的練習中，他的腹部突然痙攣，缺乏、失去和孤獨的痛苦朝他襲來。「她拋棄了我！」他重新看到那些影像，而一張臉孔出現……是他的保姆。他記得她離開時他的失望。他那時還小……究竟是幾歲的時候？

回家後，他問了母親。「啊，你還記得這件事啊？那是好久以前了，我們在你開始上學的時候把她解雇的，可是你為什麼要問我這個問題？你那時候適應得很好，你什麼也沒說，你也沒哭。一切都很順利。」

一切都明朗了。

當然，對父母來說那是很合理的，因為帕斯卡開始上學了，他不需要全天的保姆，只要有人在傍晚去接他就夠了。但對於小男孩而言，整個世界都崩壞了。她的母親並不特別關愛他，也不常在他身邊，他把保姆當作媽媽。夜晚，當他哭泣時，是保姆把他抱在懷中哄，是她安撫了他，是她給了他無數的吻。她離開了，她的味道、溫暖、愛撫也隨之而去，帕斯卡失去的是他全部的安全感。她走了，而他身處學校，在一個新的環境裡，無所依循。

據帕斯卡的母親所言，一切都很順利，他完美地適應了新的學校生活，保姆的離開對他沒有任何影響。她什麼都沒看見、沒聽見。她從中推斷出「他一切順利」。但真正的理由是，她之所以什麼都沒看見，是因為她不曾注視；她之所以什麼都沒聽見，是因為她不曾聆聽。帕斯卡沒有哭泣與表達的空間，他在內心將痛苦聚集起來，將它們緊緊封閉。為了讓生活繼續，他甚至抹去了對這位保姆的記憶。只有在他終於獲得了表達憤怒與淚水的許可後，這份記憶才再次出現。

帕斯卡找回了當時的強烈情感，他為了保姆而哭泣，重新面對被遺棄而產生的憤怒，聆聽自己小時候的恐懼和孤獨。在此之後，帕斯卡告訴兒子自己在與他同樣年齡時經歷過的事，阿塞爾仔細地聆聽，隔天早上，親吻爸爸之後，他就快速地跑向學校的同學，一整天下來，他都沒有哭。

這個轉變相當驚人，阿塞爾表現出來的情緒並不真正屬於他，他在重現父親所經歷過的事，透過父親的言語，他得以從這項負荷中脫身。

要瞭解孩子發生了什麼未必總是容易的，但我們應該避免急躁地將之歸結為任性。當父母不清楚孩子行為的動機時，他們必然會以不適當的方法回應，結果引發了孩子新的情緒，並讓我們無言以對。權威、處罰和批評引誘著父母，他們藉此重新控制了狀況，但這些方式當然會使問題惡化，也讓我們離孩子越來越遠。

⑫ 誰有權力？

誰有權力？父母有時候會對自己提出這個問題。權威式教育法的支持者宣稱父母對於子女有控制權，其他人則傾向於充滿尊重與聯繫，沒有權力角力的親子關係。我們提過任性，它被視為孩子想控制父母的權力角力，但實際上，那更常是父母控制孩子的權力角力。事實上，當我們向自己提出「誰有權力」這個問題時，我們已經處於權力角力之中。

關於權力，我們面臨哪些重要課題？又該如何以健康、有建設性的方式來體驗權力？

新生兒對於父母施行了一定程度的自然「權力」：他「能」哭、「能」吐奶、或「能」在任何時刻醒來……他有這麼做的權力。有人會把他的行為詮釋為他對父母有控制權。但在他的行為和控制父母之間，其實還隔著一條鴻溝，雖然有些人很輕率地就跨過去了。過去未曾受到太多關愛的父母，可能會難以忍受自己必須付出關愛，並常會把父母對自己的控制轉移到孩子身上。他們起而反抗，對自己的寶寶生氣，並試著減少自己感受到的支配。「他哭是為了讓人抱他。」當然沒錯，但這難道不是事物的常理嗎？寶寶企圖滿足需求。但陷入權力課題中的大人，則常將此解讀為：他想支配我。

丹尼爾不跟自己的小孩玩。他認為孩子應該學會自娛自樂，所以他一下班回家就專注於看報或上網。對於孩子應該做什麼，他有一些相當難以撼動的想法。他不願意在日常生活中做出一絲改變，來為小孩留一點位置。從他們出生以來，他們就不應該製造噪音，他們必須在規定的時間就寢，並且配合他的作息時間，絕對不可能給他們任何一點改變自己生活的權力！但事實上，丹尼爾想表達意見的對象是他父親。可是因為他不敢直接面對自己的父親，對他而言，拒絕給予自己的寶寶任何權力比較容易。

父母在面臨與權力有關的問題時，雖然不至於達到丹尼爾的反抗程度，卻依然難以處理所有的對抗與衝突狀況。當孩子反抗、拒絕吃飯、睡覺或穿鞋子，父母常會以孩子想控制自己的邏輯來解釋這些事實或舉動：「他在向我挑釁」、「他想要測試我」。

十八個月大的佳德打開了不准打開的壁櫥，並一邊明目張膽地看著媽媽的反應。「她藐視我，她在試探我的底線」，維樂希這麼認為。然而在這個年紀，孩子的大腦尚未成熟到可以對自己重述大人說過的禁令。因此小小孩表現出初步的整合能力：他暫時停下動作，並看著大人……不過，後者卻常將此解讀為挑釁，但那其實只是某種呼喚，孩子重複他的動作是想要讓父母重複他們的話。如果父母大聲責罵，孩子也常會反覆自己的動作，我們已經在前面丟石頭的小女孩身上見過這種情況，這是為了要瞭解父母這種奇怪的反應，是試圖掌握「我丟石子，爸爸大罵」的關聯。比起「我想要找媽媽麻煩」，我們的小小孩更常問自己的是「生活是怎麼進行的？」

三歲開始，孩子能夠對自己重述規則，但是還無法在腦海中默念。他會大聲地把規則念出來，一邊做著他說不該做的事。「不能碰爸爸的抽屜……」他一本正經地說著，卻一邊打開抽屜。再一次地，父母常會把它解讀為對自身權威的挑戰！然而，孩子在說出禁止規則時的嚴肅性，應該要能提醒父母，這顯然不是放肆無禮，他其實是非常認真地在做這件事。他在努力學會規定。

據艾莉卡的爸爸所言，她非常任性：她不願意穿衣服，不想跟隨爸爸的決定，一起出門散步……有時候，我們希望孩子能不經爭辯地就追隨我們。然而他們卻感到厭倦，他們想要做一個人，有自己的人格，並由自己來做決定。艾莉卡只有兩歲，他的爸爸強迫她，所以他們出門了。但是，為了平息她的哭喊，他給了她奶嘴。他們開始散步，她在嬰兒車中吸著奶嘴，他則跟自己的哥哥聊天。不久後，爸爸覺得女兒奶嘴吸得夠久了，幸好，他沒有太過專制，並問了女兒：「把奶嘴給我？」啊，他終於問了問題。但目前，艾莉卡還無法答應。她必須先確認父親的問題是真的問題，而不是要求。為了讓她的「好」是真心同意的「好」，而不是服從的「好」，她先說道：

「不要，還不夠。」

一會兒後，她從口中抽出奶嘴。

「現在呢？」爸爸有點急地問她。

「還沒，再一下下。」

她把奶嘴又留在身邊一下子之後，把它交給了爸爸。在讓她自己做選擇之時，他的爸爸讓她重新找回自尊，讓她感覺自己是一個完整的人。如此一來，有三位贏家：孩子、父親和親子關係。

艾莉卡的爸爸對於權力沒有太多得失，所以他不需要「讓人服從自己來獲得存在感」。但是荷內則需要被服從，否則就會覺得自己形象卑賤。「我要我的孩子尊敬我。」他為了替自己打兒子的行為辯解而這麼說。但孩子不會因此尊敬父親，他會怕他！害怕與尊敬這兩個詞仍舊太常被連在一起。然而，害怕與尊敬是反義詞。真正的尊敬或尊重是一種對他人的看法。但是，我們甚至不敢抬起頭來看著令我們害怕的人。尊敬帶有欽佩的概念，也就是看著別人如何過生活。現在的年輕人在感到佩服時，會說「我尊敬你」。當一個人感覺自己不配被尊敬時，才會尋求由恐懼來樹立威望。他表現出威權的態度，是因為他沒有自然的權威，他也無法展現出能力上的權威，他對自己沒信心，或僅僅就是沒有能力。控制他人是一種避免他人眼光的企圖。

當一個人感到過於無力，當他的生活中有太多的「我不能」，他可能會想要用力量來強迫他人。確認自己對他人的控制權——就算對方是自己的孩子——重新為他帶來了「有力」的假象。在缺乏「做某事的能力」時，我們常會濫用「對某事的權力」來試圖稍稍重建自我形象。父母越缺乏個人能力，他們就越會尋求對於孩子的控制權，並表現得越加專制。

當成人求助於權力時，他就失去了可信度。但是，為了維護受到父母保護的假象，孩子通常會選擇自我貶低。他會將父母理想化，替父母的專制辯解，並指責自己。有錯的是他自己。孩子需要有「好的父母」，否則，他們會感覺自己有危險。在孩子眼裡，替父母的行爲辯解是重要的。

「我爸爸打我是因為我不乖。」

「你不喜歡被打。那為什麼你還是一直不乖？」

「我不知道。」

「所以你爸爸做的事沒有用。」

沉默。

「我太可惡了。」

「你是故意的？」

「不是……我知道不應該那樣做，但我還是做了。」

這位爸爸打兒子，是要讓他學會控制一項他其實無法掌控的行為。幫助孩子重新掌控自己的行為顯然會是比較好的做法，但這也需要父母更能自我控制。

柔伊敘述了她對兒子毀滅性的衝動，就像她做的那個可怕的夢：她夢到自己在強暴寶寶！後來有一天，她把寶寶放在汽車後座，沒有繫安全帶。第一次煞車寶寶就摔了下去。她為此深感後悔，但事情還是發生了。她告訴我，要去承受這個小生命對自己完全的依賴，對她來說有多麼困難。她無法承受這份她必須獨自承擔的責任，因為孩子的父親不願意承認這個孩子。而她自己小時候，也被強暴過。

父母是成年人，身體比孩子更高大也更強壯，我們有假設、推論和解決問題的能力，已經有許多生命經驗，我們擁有各式各樣的知識，能夠掌握許多工具和技巧，因此，有一份責任落在我們身上。小小孩的能力令人驚訝，但他們卻不能沒有父母。他們會「自己」學習各式各樣的事，這指的是透過無意識的模仿與實驗來學習。他們成功地掌握了像是走路或母語表達這類複雜的能力。他們是獨自一個人學嗎？如果真正只有一個人的情況下，小孩什麼都學不到，他們將不會走路也不會說話，必須在具備某些情感安全和環境的條件下，才能促進孩子的學習。他們有權利享有這些條件。再說，這些條件是由兒童權利宣言[8]所保障的。

只是，與權力的關係不是件簡單的事，而一個對於別人有權力的人，常常會濫用權力，孟德斯鳩在《法意》中便已經強調過。

「對某事有權力」常常是暴力的起源，它通常出自於難以證明自己「有能力做

8. 聯合國大會於一九五九年通過。

某事」。「我有能力」的意思是「我能夠／我有做某事的能力」，從這種意義來說，新生兒的能力很少，成人則有很多。

「我能」也有「我有做某事的自由」的意思，就像是「我能去看電影」這個句子，等於「我有去看電影的自由」。

當我們發現比鄰居「能做的事」更多時，我們可能會想要從中得到一種優越感，譬如從中獲得特權、獲得更多的權利，甚至獲得對對方更多的權力。就這樣，我們可能會從「有做什麼的能力」轉變為「有對什麼的權力」。

當對方有依賴性時，「強者」可能會認為自己是對方的恩人，因此對方需對自己盡義務。這是封建式的互動，領主負責保護農奴，農奴則需對領主盡義務，且享有很少的權利。

過去的父母常常會認為自己擁有對孩子的所有權利，而孩子則對自己有義務。在兒童權利觀念誕生的同時，法律也大幅削減了父母的權力。父母不再有殺死孩子的權利，他不再有強暴孩子、嚴重虐待孩子的權利，他不再有將孩子遺棄在街上的權利。可惜的是，孩子未必知道這件事，當他們的父母失控並威脅說「我會殺了你」，或是更常見的「如果你不過來，我就把你丟在這裡，自己先走」時，他們感到驚慌和痛苦。限制權力能保護權利，權利和義務是親子衝突的中心。

父母對於孩子的幸福安康和生理與情感的健全發展有責任。這是一項巨大的責任，有時相當沉重。如果我們個人與權力的關係是健全的，對於被賦予如此重大的責任，就不會感到太多的困難，我們知道如何行使自然的權力。相反地，如果我們曾經承受過他人濫用權力之苦，特別是自己父母的濫用權力，如果曾經被羞辱、被削弱到無力、被嘲笑、被認為沒有任何權利，則會有兩種情況：

一是我們對比自己更弱小的人加以報復，他們的依賴性允許我們實施過度的權力，在終於轉換了立場後，我們釋放了累積的壓力。

另一個是我們對這份權力感到驚恐，而有了眾多的防衛機制，其範圍包含了完全的逃避，到攻擊這個帶給我們如此難題的孩子。

有些人會意識到這種風險，寧願不生小孩。他們害怕無法抑制自己的暴力，害怕自己被過於激烈的情緒反應控制，而可能會虐待孩子，他們不願如此。

正因此，伊馮娜從來不想成為母親。還是小女孩時，她曾被嚴重虐待，因此始終害怕自己會重演發生在自己身上的事。她意識到自己可能會把暴力發洩在一個完全依賴她的人身上。為了避免自己的恨意衝動浮現，她放棄了所有對他人的權力。

其他人則害怕自己「做某事的能力」受到限制。他們並不擔心自己會傷害小生命，但將孩子的出生視為一種限制自由的威脅。「我不想要為一個孩子負責。」他們表示自己需要感到自由，要能「做自己想做的事」，這或許是為了彌補他們不自由的那段時光，或是因為他們見證了自己的父母其中一方的犧牲。如果我們童年時受到太多限制，所有對他人的責任都可能會被視為一種束縛。這個人會把當年父母限制他自由的權力，用在自己的孩子身上。

當母親讓我們相信她犧牲了自己的人生，當她自認為因為子女的出生而被禁錮，我們可能會不想犯相同的錯誤。事實上，並不是子女禁錮了母親，而是社會，有時則是丈夫。阻止母親繼續學業或事業的並不是子女，而是社會或她的家庭，它們沒有幫助她或支持她，使她無法兩者兼顧。不過，因為母親必須依賴他人，她不敢質疑這種狀況。她也寧願相信是孩子阻止了她去做一些事。這種觀念對親子關係是非常有害的。

的確，一個孩子的出生改變了日常生活，我們的時間都依據孩子的需求來安排。父母必須要從中找到自己的自由，因為與愛相呼應的是自由，而非監獄。如果父母覺得自己是孩子的囚徒，他們大概只能對孩子心生怨恨。

也有些狀況是我們未經事先考慮就成為父母……有時，對於責任和喪失自由的恐懼會消失，有時則不會。為了不讓罪惡感和沮喪伴著責任一起出現，有人陪伴會是有幫助的。否則，「愛」可能會是一個不容易在日常生活中體現的動詞。

每當我們覺得孩子想要對我們施加權力時，請花一點時間從需求的角度來思考。

⑬ 是在保護孩子，或是侵犯隱私？

十三歲的娜黛潔非常焦慮。焦慮症發作會讓她在半夜醒來，她也會在街上、在交通工具裡感到恐慌，焦慮開始入侵她全部的生活。到底發生了什麼？當她感到安心時，她可以很輕鬆地說話：「生病的不是我，是我媽媽。」

她的母親有很強的保護欲，很少讓她出門。她會檢查女兒的任何一點點舉動、打電話確認女兒說的話、檢查女兒的物品。她會以要吸塵或打掃為藉口，隨時進入女兒的房間，尤其是在她邀請朋友來的時候。簡單來說，這是一個無所不在，又讓人覺得沉重的母親——娜黛潔再也承受不了，但是，她不敢真正表達出自己的憤怒，她默默地承受母親的入侵，只敢偶爾嘆氣。

她察覺到自己的媽媽有多麼痛苦與不快樂，她非常想要見到母親幸福，所以她屈服了。她只會感到生氣，並把自己封閉起來。被壓抑的憤怒在心中沸騰，但她不允許它們湧現，她忍耐著，直到達到極限……然後，就變成焦慮症。

焦慮入侵她的生活，也轉移了注意力，讓所有人，甚至她自己，都看不見真正的入侵者是她母親。

每位父母都有保護孩子的欲望，希望能提醒孩子潛伏的危險，替孩子鋪好前方的路，以免他們失敗跌倒。我們都想讓孩子避免痛苦的經驗，寧願替他們生病，替他們受苦。不過，大部分的父母還是會讓孩子去接受考驗、感受痛苦、努力嘗試、艱難地攀登斜坡。當然，他們會在孩子的身旁，但不會代替孩子。他們會讓孩子經歷應該經歷的，並尊重孩子擁有自己的祕密花園。

有些父母則無法如此，他們無法完全做到，或完全做不到。他們太與孩子融為一體。孩子在痛？那就是他們在痛。所有發生在孩子身上的事，都等於發生在他們身上。他們試圖控制環境來避免危險，認為自己在保護孩子，但過度保護讓孩子變得脆弱。媽媽之所以如此保護我，是因為她認為我沒辦法保護自己。媽媽之所以說我沒辦法，那是因為我確實沒辦法。媽媽之所以保護我，那也是因為存在著危險。我因此開始深信外面的世界、其他的人、所有不是媽媽的人，都有危險性。

哪位父母不曾想過看看女兒的日記或兒子的部落格？不曾想過要知道更多與孩子的性生活或愛情生活有關的事，或是孩子的小祕密？這是一股某些人難以克制的衝動。因為在兒童時期或青少年時期並未受到尊重，他們難以接受自己青少年期的子女已不再是兒童，而自己的孩子也不是自己的一部分。

無可避免地，嬰兒會變成幼兒、兒童，然後是青少年，最後成為年輕人離開我們。餵他、替他洗澡、包覆住孩子、替他穿衣梳頭、替他做決定……父母得漸漸地放掉這些，退場並經歷一連串的哀悼。

有些未能自我建構，沒有內心屏障的父母，可能會入侵孩子的私領域，卻沒有意識到自己侵犯了界限。對他們而言，界限並不存在，也不希望界限存在。他們無法忍受失去自己的小孩，看著他們長大，自己不再有控制權。畢竟他們對自己生活的控制權已經如此稀少了……

我們在兒童時期越受到尊重，就越能尊重自己的孩子，同時能察覺到自己侵入的衝動，並克制這種衝動。反之，如果母親曾經打開我們的信件、讀我們的日記、沒有敲門就進房間，還讓我們相信這是為我們好，我們可能會想以同樣的方式對待自己的孩子。因為我們的父母消除的不僅是界限，更是對於界限必要性的意識。

父母侵犯孩子的隱私是因為他們沒有界限。在父母小的時候，界限崩壞了，他們無法將孩子視為一個人，因為他們自己當年也被視為一樣物品。而且對子女施以控制，將帶來重新掌握自己人生的假象。他們在子女身上確認自己的權力是為了要抵銷（通常並未意識到的）無力感。

⑭就算你偏心了，也沒關係……

「你爸爸當然愛你啊，他在生氣，可是他愛你……」
「別放在心上，你媽媽雖然這麼說，但她不是這麼想的。」
「沒錯，你爸爸從來不打電話給你，也忘了你的生日。可是你知道的，他愛你。」
「你媽媽在生氣，可是她很愛你……」

所以，這些句子對我們有什麼用呢？它們未必是真的。對孩子說謊，只會在孩子心中、在孩子對愛的理解中散播混亂。另外，處理自己與孩子的關係，不是每位父母自己該做的嗎？是什麼促使我們去保護父母的另一方不會受到孩子的怒意？因為，下面這些話的用意正是如此：別生他／她的氣，要理解他／她，別恨他／她……當然，孩子通常都會「理解」。他理解父母，也理解父母對另一方來說都比自己重要，父母的感受與需求比自己的重要。他把自己不被愛和不能被愛的感覺深植心中。更何況，他一定會注意到當他忘了赴約、問候，或顯得心不在焉時，會因此受到指責；同樣情況發生在父母身上，父母會被原諒，但他卻不會。

父母一方有意地想輕描淡寫另一方的作為，並原諒對方，這或許是為了要避免孩子感到受傷。然而，孩子卻因此加倍受傷，因為在被父母的一方傷害後，他甚至無法從另一方身上獲得傾聽或安慰。後者告訴他是他不瞭解，要他壓抑怒氣、甚至壓抑痛苦。我們都知道告訴他「不，我當然愛你」沒有半點作用，在孩子面前認定父母的另一方愛他也是沒有用的。這無法改變孩子深刻的信念，卻會改變他對你的信任。在說出「他／她愛你」時，你不僅在告訴孩子「你不應該生氣」，更是在告訴他「你的感覺不對，你不應該相信你的感覺，我不想聽你訴說你的痛苦。」

這不是要你告訴他「你爸爸不愛你」，而是要去聆聽孩子表達他的經驗，讓他將真實想法，和一旦保密不說就會讓人確信不疑的推斷化為文字，大聲說出他在內心低聲訴說的事。

「你聽到媽媽像剛才那樣大吼的時候，有什麼感覺？」

「你發現爸爸沒打電話給你時，你的心裡在想什麼？」

做好聽到「我告訴自己他／她不太愛我」這句話的心理準備很重要，聽他哭泣、聽他訴說自己的痛苦直到最後一刻也同樣重要。**正是這種無條件的接受，讓他能從中汲取勇氣，並敢於去找父母的另一方談談**。請聆聽、瞭解、接受並衡量他的痛苦。無須多說什麼，只要聆聽、有同理心就夠了，並請相信：**如果要讓孩子感到被愛，必須由父母開始改變自己的行為，而不是要孩子去「理解」**。

如果他能在不被評論或被要求噤聲的情況下，說出、表達出他所感受到的與他腦中所想的，他會重獲信心，或許也會感受到充分的安全感，而敢於去找那個他認為不愛自己的人談談。孩子擁有的潛能多過我們的想像，只要我們能允許他去發展它們。

「我知道你不愛我，因為你不喜歡女生，可是我想要你愛我。」四歲的瑪俐娜堅決地說道。

她祖父的視線離開了報紙，雖然一時之間不知該如何回答，但他對於孫女的看法徹底地改變了。他看到的不再是個「女孩」，而是一個人。他開始關注這個年幼的人，並開始愛她。

這是一個敢於說出自己想法的小女孩。從這個例子中可以學到兩件事：一方面，孫女沒有逃避現實，她的父母沒有像一般的情況那樣，試著安慰她。她直接面對真相——爺爺不愛她。她對於之所以如此的理由也有一點想法：他只喜歡男生。但她覺得這不公平，因此決定要表達自己的需求。

如果我們屈服於別人封閉的態度，這對任何人都沒有幫助。這位祖父可能一輩子都對孫女無動於衷，因為他已經認定自己對女孩不感興趣。要不是瑪俐娜的勇氣，他大概永遠無法體驗到他後來發現的默契、溫柔和愛。因為，這正是瑪俐娜的故事教會我們的第二件事：即使很頑固的爺爺也能改變！

許多人深信的「他這個年紀不會再改變了」，其實錯得徹底。事實上，這句話最常代表的是：我害怕表達自己的想法、我害怕他的批評、我害怕被拒絕、害怕不被愛。我們用像是「他沒有表現出來，但我知道我對他來說是重要的，他只是不善表達」這類的陳腔濫調來哄騙自己，即使事實就在眼前，我們仍想要維持自己被愛的假象。瑪俐娜不害怕面對事實，她知道祖父不愛他，不看她，不跟她玩，除了要命令她的時候，不會跟她說話。他會替她切肉，會要求一個睡前吻，但彼此間卻沒有默契，也沒有歡笑，沒有溫柔，她察覺得到。幸運的是，瑪俐娜擁有愛她的父母，他們給了她內心的安全感，讓她能夠如此面對祖父。

如果是你的父母不愛你或是偏愛你的兄弟姊妹，問題就較難解決。因為我們對父母愛的需求更大；也因為比起打動自己的父親，孩子更容易感動自己的祖父。這只是因為照顧小孩的不是祖父母，因此問題嚴重性不同。矛盾的是，責任的重量可能會讓父母變得不那麼負責。當個「好父母」的壓力讓聆聽孩子表達情感變得困難。

當父母的一方對孩子有差別待遇時，另一方常常覺得必須要淡化情況，要讓孩子安心，告訴孩子他弄錯了。

沒錯，我們可能會對某個孩子偏心，我們對每個孩子的愛並不「相同」。在伴侶之間討論偏心的問題，能讓我們更加瞭解偏心的起源，並能一起尋找克服的方法。羞愧是沒有幫助的，偏心的背後有其理由。我們對待孩子時的差別待遇如果獲得討論與理解，它們就有可能會消失。如果被隱蔽，問題則會越來越嚴重。即使我們不讓它顯露出來，孩子仍舊感受得到。

男孩或女孩、在家庭中的地位、是否是最年長的孩子、出生日期剛好是另一個重要節日……請不帶批評也不帶責備地去談論這些問題。我們永遠都能修補不公平的情況，只要我們願意正視它。

⑮愛他，比愛另一個孩子難

問題來自孩子的性格、某種先天的缺陷，或者是我們自己展現出相對高的容忍門檻？無論如何，我們對於每個孩子的愛並不「相同」，不一定比較少或比較多，但總之不一樣。通常，我們沒有意識到這樣的過程，也很難說明我們偏愛某個小孩的理由。當然，我們會用每個孩子性格的分析來作為論據，替自己的感覺辯解。但這是真正的理由嗎？無法否認地，我們對每個孩子的看法及與他建立的關係，都是特殊的。

有些孩子比起其他孩子更不容易去愛。他們太像我們或不夠像我們；他們不符合我們的期待，不是我們想像中的孩子；他們激怒我們，迫使我們採取了自己厭惡的態度來對待他們；我們發現自己感到厭煩、變得冷酷，有時變得暴力，甚至完全地歇斯底里……這是我們一點都不喜歡的自我形象。我們會或多或少有意地埋怨孩子，使我們無法成為自己心中理想的父母。孩子是一種冒犯，都是他們的錯，為此而遺棄他們的想法越來越強烈。

但我們是父母，除了極端的案例，並不會真的遺棄他們，只會注入一點距離，周圍的人幾乎不會察覺，我們自己也常常忘記。只有孩子會持續地感覺到，而且覺得這是一道鴻溝。為了縮短這道距離，他常會發展出各式各樣的行為，只可惜，那只會加深距離。

因為這微小的距離足以阻礙親子之間的親密感，甚至阻止了愛的情感；而愛的缺乏又將引發「導致我們更加憤怒的症狀」。從此，就讓我們更難脫離這回溯效應的惡循環。

⑯ 有時會激怒我們的那種性格

孩子的性格是天生的或是後天養成的？在此，我為你送上班乃迪克特・凱雷（Benedict Carey）刊登在《紐約時報》的文章（用粗體強調的部分，是我標記的）：

「單單一個基因的變異就可能引起社會行為的劇變。反之，父母慈愛與關懷的注意力，則可能幫助動物寶寶克服基因上的差異。蒙特婁麥基爾大學的科學家觀察發現，與未獲母親疼愛的幼鼠相比，更常獲得母親清洗、愛撫和舔舐的幼鼠會變得較不焦慮。在一項最近的研究中，麥基爾大學的研究人員證實了**母鼠在幼鼠剛出生的那幾天所賦予的照顧，是讓基因持續改變的源頭，這會幫助幼鼠在一生中都能面對壓力**。美國國家衛生研究院的科學家也在猴子身上觀察到類似的現象。事實上，慈愛與關心的父母讓幼猴不至於受到一種特殊基因變異的影響。如果沒有這份關愛，這種變異會讓幼猴變得具有攻擊性並感到混亂。而受到關愛的幼猴也更常會成為慈愛的父母：對母親的喜愛也成為牠們之後與自己後代建立聯繫的榜樣。『**重要的是，我們證明了充滿溫情的環境確實能改變孩子的基因。**』亞蘭・修爾熱切地表示。他在加州大學醫學院研究依附關係，他認為，**甚至連兒童的生理都可能改變，**

並且補償基因的缺陷。」

「從一出生，他就跟他哥哥不同！」有些父母會對自己某個孩子做出這樣的評論。沒錯，事實上，孩子的生命不是從出生的那一刻開始，應該說他們在出生前已活了九個月，因為超音波已能證明胎兒會對母親的話語有所回應。為了測試胎兒對周圍環境的反應，有些實驗測量了吞嚥的動作。當媽媽跟胎兒說話時，吞嚥動作的次數增加；而當母親跟朋友說話時，次數則減少。藉由影像，研究人員還證實了孩子會對母親的想法做出反應。說到底，這並不奇怪，因為我們的想法具有生理性的基質，而胚胎與母親的生理相連。

媽媽的聲音對於胎兒來說很重要：它能讓胎兒安心、平靜下來，生活不會總是一帆風順。如果發生什麼令胎兒害怕的事——我知道我用詞不正確，胎兒還沒有能力感到害怕，這裡說的是一種原始的害怕。他的身體還不太能感受到壓力，而情緒處理系統也尚未完全建立——因此，如果孩子無法透過母親或他人來告訴他發生了什麼，並因而感到安心，那麼他出生後將會經歷基本的信心不足。即使還不懂媽媽使用的字彙，他還是能透過臍帶來感受媽媽聲音的音調及生理的變化。

父親的聲音與味道也相當重要。胎兒會聽到爸爸在跟他說話，也認得爸爸的氣味分子。因為媽媽吸入了這些分子，並傳導給他。在爸爸的懷中，他能找到依靠，獲得安全感。

胎兒的活動似乎能作為兒童時期性情的指標。狄・皮耶特羅認為，行為並非從出生才開始，而是更早就開始了。[9]母親的作息節奏、荷爾蒙分泌，特別是母親的壓力，都會對胎兒造成影響。壓力最大的媽媽常常有最活躍的胎兒與最易怒的寶寶。

許多父母觀察到孩子間的差異，並將之歸因於遺傳：「我的孩子彼此之間都不像，但他們明明受到相同的養育。」但是我們不可能給予兩個孩子相同的養育，甚至連同卵雙胞胎都不可能。光是餵奶，一定得先餵其中一個，再餵另一個。假使兩個一起餵，必定也是其中一個吸左乳，另一個吸右乳。而就生理上而言，我們兩邊的乳房也沒有相同的母乳量。

父母養育老大的方法也不可能與之後的孩子一樣。在照顧老大時，父母較常帶孩子去看小兒科醫師。很自然地，他們會比較焦慮與嚴格。「我承認，我們對第一個孩子比較嚴厲，」一位母親說道，「他不能犯錯，他必須成功，但對老二，一切似乎都沒有那麼重要了。」這正是有名的笑話：「老大的奶嘴掉到地上，媽媽會拿去消毒。老二的奶嘴掉到地上，媽媽只會用水沖洗。而老三的奶嘴掉了，她只會在牛仔褲上隨便抹一下。」所以怎麼能說自己給予他們同樣的養育呢？更不用說老大

9. 狄・皮耶特羅（Di Pietro）與多位作者合寫，〈胎兒運動的發展與胎兒心律的關係——二十週至產前〉，《人類初期發展期刊》，1996。

出生時是獨子，老二則有了哥哥或姊姊，而有一個姊姊或一個弟弟也不一樣。因為經驗特殊，老大通常比較用心、比較自動自發，但較不擅長社交。而依據統計，老么則比較擅長社交，更樂於接受新的經驗，比較愛玩也比較有趣。心理學家馬修．哈雷與布魯斯．艾里斯在美國亞利桑那州立大學與紐西蘭基督城大學進行的研究證明，在將近三百五十名的兄弟姊妹當中，老大確實比較專心、認真，也比較遵守規矩。老么則顯得比較叛逆與開放；對他們而言，並不存在什麼嚴格的規矩，新奇與社交網絡更為重要。[10]

老大通常也比弟弟或妹妹聰明（統計而言），這僅僅是因為他們曾經有一段時間是家中的獨子，因而享有全部的關注，在智力發展上也受到更多刺激。一項奧斯陸大學進行的研究[11]證明，當一個小孩因為兄姊過世而作為「老大」出生時，他因而享受了所有的關注，他的智商會等同於兄姊的智商。因此，造成差異的確實是父母的關注。父母無須感到自責，但也不必讓孩子因為自己不如哥哥一樣成功而感到愧疚。

無論我們如何詮釋這些研究結果，事實是，家中排行對於孩子性格的影響更勝於基因。

性格是對環境適應後的結果，那是在先天遺傳的體質上，各種情緒習慣、關係習慣與後天行為習慣的總和。性格是對自己、對他人與對生活的態度與情感反應的整體表現。這些態度在先天與後天的聯合壓力下發展出來，它們被周圍環境的反應強化，有時也會因為被貼上像是「伯納很笨拙」這樣的標籤，而更加牢固。當這些反應一再被重複，直到變成一種反應性的習慣，它們就打造出我們所謂的「個性」（personnalité）。它的字根是希臘文的persona，也就是劇場用的面具。而個性，則是我們在社會中使用的面具。

當父母只看到這層表象，他們可能會因為孩子的某些態度或反應而發怒。一旦他們與藏在面具後的「人」接觸，同理心與愛便會重現。這種無條件的接納形成了孩子自信的基礎，而自信對孩子能夠進步、改變、脫離過分行為與成為真正的自己是必要的。

我們不可能控制孩子周圍環境中的一切，每個人都有他自己的道路，都依自己的特長而自我建構。每個個體都需要我們去認識和接觸。情感的打擊、父親或母親的離世、車禍，這些創傷都可能會動搖新生兒，甚至胎兒的心理狀態。情緒，尤其是恐懼的荷爾蒙，會穿過胎盤的屏障。情緒是生理的反應：當情緒無法宣洩、表達，它們會在人體內留下生理的印記。從很早期開始，孩子就可能將恐懼內化，雖然他還不知道那叫做恐懼。稍後，這些恐懼會以父母未必能夠理解的症狀重新浮現。舉例來說，子宮中的壓力可能會打亂胃部的生物平衡，破壞胃中的酶。某些蛋

10. 馬修．哈雷與布魯斯．艾里斯（Matthew Haley & Bruce Ellis），《大腦與心理》第17期。
11. 克里斯特森與畢爾克達（P. Kristensen & T. Bjerkedal），〈解釋出生順序與智商的關係〉，《科學》第316卷。

白質再也無法被消化，例如麩醯胺酸胜肽（小麥蛋白水解萃取物），它會遷徙到腦部，干擾神經傳導物質的交換，並取代它們的地位。因此，孩子過動的原因既是生理的，也是心理的，因為它的源頭是某一次的打擊、某一種恐懼。光做心理治療是不夠的，也需要在胃裡重新培養缺少的酶。

生命是複雜的，無法簡化到一個起因、一種解釋。心理生活與生理生活緊密相連，這說明了要「解除」一個行為並不容易。成人的大腦是成熟的，讓我們能夠控制舉動、態度、想法……但孩子的大腦建構尚未完善，無法進行這項控制。知識能幫助我們稍微更尊重自己的小寶貝，而不會讓我們視而不見。一個遇到困難的孩子，需要的是幫助與陪伴，而不是那些要求他們停止或改變的命令、威脅或限制。孩子的性格讓你憤怒？但他可能比你更痛苦。來吧，你才是父母！

一個孩子的「性格」是由許多因素造成的。一項行為總是有其理由，我們需要做的是找出理由，但這不容易。如果尚不確定原因，要先避免任何的批評，並一起來尋找。

⑰你對男孩或女孩毫無偏見？

就算有些父母承認自己對於女孩或男孩有所偏愛，大部分的父母都說：「我會以同樣的態度迎接另一個性別的孩子。」真是如此嗎？當我們有了第一個孩子，幸福度會很顯著地增加。或許你對此感到懷疑，但研究人員確實評量過。不過，女性主義者會感到失望，因為當第一個孩子是男孩時，幸福程度增加了百分之七十五。[12]需注意的是，這是在丹麥進行的研究，一個幾乎可作為男女平等表率的國家，而不是某個有落後習俗的晦暗國家。

曾經有兩位研究員[13]要求大人們看一部短片，影片中一名九個月大的寶寶正坐著玩不同的玩具。研究員詢問了一半的參與者：「你能評價這個小女生的行為嗎？」對另一半的參與者則問了：「你能評價這個小男生的行為嗎？」很明顯地，他們看的是同一部影片，但結果令人詫異。被告知影片中是男生的參與者，會將寶

12. 漢斯－彼得・柯勒（Hans-Peter Kohler）、傑爾・R・貝爾曼（Jere R. Behrman）和阿塞爾・史凱特（Axel Skythe）針對雙胞胎進行了研究，以控制某些與遺傳的幸福能力有關的變因。「第一個孩子確實增加了幸福程度，而男性從第一個兒子身上比從第一個女兒身上幾乎多獲得了百分之七十五的快樂。」

13. 康德里（Condry J.）和康德里（Condry S.）在一九七六年的實驗。

寶描述成較活潑的，而比起那些以為自己在評價小女生的參與者，他們也更常給孩子愉快、生氣的評語，害怕則比較少見。可見，在我們沒有意識到的地方，我們的刻板印象確實在運作。

同樣的，我們也受到社會環境的影響。受試者看見一個處在優渥環境中的小女孩，與一個被形容為出身貧窮的小女孩，會覺得前者更為優秀，雖然那是同一個孩子。

請到街上做個實驗。讓你的孩子穿上粉紅色的衣服，你將會聽到：看看她多甜美、優雅、纖細，或是「真是個愛說話的小女生」。讓孩子穿上藍色的衣服，你則會獲得完全不同的評論：「你的寶寶很大膽，他很有活力，看得出來是一個想要探索世界的小男生。」

這些模式無所不在，但是，我們在前面已經提過的畢馬龍效應——或是自我實現的預言——現在已經確實成立了。羅伯．R．羅森塔爾做過一項重要的實驗，[14]他讓一個班級的學生接受了智力測驗，之後將結果告知教師。一年後，學生又做了新的測驗。結果很有說服力：高智商的孩子不論在一整年的學業成績，或是新的測試中，都獲得了令人印象深刻的進步。你會告訴我，這很正常。沒錯，但是智力測驗的結果當初是隨機分配的啊。因此，學生的結果反映的是教師的期待，而非他們所謂的能力。

孩子——就跟我們每個人一樣——都常讓自己去符合別人對他的期待。考慮到我們對他們的看法會對其未來造成多大的影響，就應該要注意我們看待他們的方式。如果女兒確實比兒子溫順，這真的是源自基因嗎？這個問題也值得用在許多行為與性格特徵上。

當我們認為孩子太好動，可以先問問自己：是誰開始的？我難道沒有因為認為他太好動，而不知不覺地影響了他，讓他變成這樣？我們潛意識中難道沒有一絲的期望，讓他變得更為好動？

14. 羅森塔爾與雅克布森，出處同註6。

⑱ 他太像我，或不夠像我？

看到孩子繼承了自己的缺點，真是令人痛苦萬分。我們有時會不會因為孩子像鏡子一樣反射出自己的影像，而怨恨他們？

馬克無法忍受自己的小兒子足球踢得如此蹩腳，他發火了：「他不會跑動，而且你看看他多瘦弱！」……他自己也曾經很瘦小，且不擅長運動，但他想忘記那段時光，他多麼希望兒子能重建他的形象。

八歲的克蕾蒙總是把發生在自己身上的事歸咎給別人，她極度需要保持完美、無懈可擊、優秀，並因此指責別人。這是孩子在成長過程的某些階段中，自然而正常的發展。舉例來說，在四歲這個階段，最明顯的就是自我的理想化、對全能的幻想以及將錯誤推卸給他人。如果父母以平常心迎接這個階段，它就會過去。如果父母特別敏感，反應可能會比較激烈，有可能會懲罰或指責孩子，這反而容易使這種行為固定下來。正是這樣，我們讓自己最不想要的結果出現。

克蕾蒙的媽媽對於女兒的態度，已經憤怒到了不合理的程度。仔細思考的話，她在當中認出了自己也有的傾向。她在兒時就有這種傾向，至今依然如此，特別是在她與先生的關係當中。

我們不太喜歡自己的子女以這種方式突顯出我們生理上或行為上的缺點，在這方面，寧願他們不像我們。反之，當他們與我們欣賞自己的部分相似時，我們會比較自在：「他跟我一樣會做菜／她跟我一樣是運動健將……」相似性拉近了彼此，幫助我們培養出更大的默契。當沒那麼擅長做菜或運動的兄弟姊妹抱怨我們的差別待遇時，無論再怎麼否認，我們確實更樂於和最相近的孩子相處。除非我們注意到差距，並試著削減它。

我們可能會誤以為自己因為孩子的行為或性格而比較疼愛他，或比較不疼愛他。這個假象讓我們能把責任都歸咎給孩子，因為承認自己比較不疼愛其中一個孩子會讓人很有罪惡感。然而，我們不僅必須為孩子的性格負起一部分責任，事實上，讓我們對某個孩子愛得較多或較少的動機是完全無意識的。不少研究證明，父母通常會偏愛與他在外表上相似的孩子。而我們也常會聽到：

「我以前跟我爸一樣是棕髮，我是他的最愛，我媽卻因此討厭我。」薇若妮卡說道。

「我以前一直被我爸冷落，我不懂為什麼。有一天，他責怪我是金髮，而他則是深棕髮。」薩穆埃爾敘述道。

因為髮色而偏愛一個孩子似乎很膚淺，不過，許多孩子都曾身受其害。這是真實的現象，大多時候都是無意識的，但比起我們所想的更為廣泛。

研究員普拉特克（Platek）曾給一些男性看與他們自己的臉混合後的嬰兒照

片。非常明顯的，這些受試者認為這些寶寶更具吸引力，且比起長相與他們完全不相似的寶寶，他們也更加擔心這些寶寶的幸福。相似性是男性能確認父性的少數方法之一。研究人員從中看到一種生物學反應，並建議避免對爸爸們開這種玩笑：「你確定那是你的小孩？他跟你長得一點都不像！」

我們對於相似或不相似的反應是無意識的，可以透過一點點的自我視察來意識到這些反應。這一方面能讓我們更瞭解手足之間的嫉妒，另一方面也能讓我們對此進行補救，這對全家都有好處。

⑲ 去愛，真的不容易……

絕大多數的父母都會在第一時間發現自己心中綻放出對子女的愛，他們感受到自己的心跳和胸腔中的火熱，感覺到這股從看到孩子第一眼後便湧向他們的強烈情緒。但對某些父母來說，通往愛的道路則比較漫長。

茱蒂特為了能脫離憂鬱而來見我，她感到空虛。很矛盾地，在我們覺得內心過於飽滿，充斥了無可言喻的情緒時，會感到空虛。我們的情緒帶給我們存在感，當情緒被壓抑時，我們感到自己被掏空。當我們必須堅強地面對對手，當我們鮮少被愛，當我們被忽略、虐待、羞辱、被打，或只是被迫壓抑，這種種遭遇而生的壓力有可能變成真正的肉體盔甲。

橫膈膜是分隔胸腔與腹腔，並伴隨肺部吸氣與吐氣規律收縮的柔軟肌肉。在情緒無法宣洩時，橫膈膜會緊繃，甚至痙攣。如果橫膈膜失去彈性，呼吸的動作必然會受到限制。所謂的肢體或情感的心理治療，是要讓更多空氣進入肺部，讓氧氣進入細胞中。氧氣會「喚醒」細胞組織，而被壓抑情感的記憶也會被活化。情緒的生理程序可以繼續走到盡頭，也就是放鬆。當我們能哭泣、吼叫或傾吐傷痛，我們會感到充實，感到自己就是自己，感到恢復且完整。橫膈膜找回了彈性，我們可以再次自由而深層的呼吸，氧氣得以更廣泛地到達細胞組織，而細膩的內感受[15]又再次為我們提供訊息。在宣洩情緒後，常有人會說自己體驗到以前沒有過的感覺，特別是那些伴隨著愛的情緒而來的感覺。克萊兒便可證明：

「心理治療教會了我好多事，最重要的是什麼？那就是現在，我愛我的孩子！這麼說很糟糕，但以前我不知道愛是什麼。現在，我知道了。在此之前，我都不愛我的孩子。」克萊兒提到這份全新的愛時很激動，她哭著說：「我因為這個發現而相當幸福。我老公不懂，他告訴我，我從以前就愛小孩，我對他們很溫柔。這是真的，我會餵他們喝奶、背他們、抱他們。他說我是一個很好的母親，沒錯，我做了所有當一個好母親需要做的事，我給了他們我能給的。我關心他們，不想要有任何事情發生在他們身上，我以為這就是愛他們。但是，多虧了情緒訓練，在把一直以來忍住的眼淚全都哭出來和吶喊出我的痛苦後，不只有呼吸改變了，我也發現了愛這個動詞真正的意義。我敢肯定地說，我以前不愛我的小孩。我說這件事時並沒有罪惡感，這只是一個事實。我以前體會過溫柔和關愛，但從未感受過我現在對他們的愛。我以前甚至不知道我們能有這種感受。」

只要橫膈膜的張力受到劇烈改變，一場激烈的事件就可能會讓我們大為動搖。一場激情的豔遇、某人的死亡、重病，甚至孩子的出生，都可能鬆動橫膈膜。情緒的震撼如此強烈，以至於我們無法再克制自己……我們終於放任自己哭泣和吶喊……舊的情感也得以藉此宣洩。在這些情感流露的背後，愛再也不受阻撓，因而得以充分發展。終於放鬆的橫膈膜讓我們感受到了胸膛的灼熱，並傳導到身體各個部位。

愛是什麼？語言所能表達的太貧乏，我們用同一個字來說（喜）愛果醬、愛先生或愛孩子。然而，這些卻是非常不同的愛。克萊兒喜愛她的孩子勝過果醬，面對孩子，她感受到一種喜愛的情感，也就是一種深深的依戀。然而，她從未真正體驗過愛的情緒，這種在胸腔中非常特殊的感覺。愛從親密中產生，是一種非常細膩的情感，需要安全感才能充分發展。情緒是生理的，感覺則是情感與心理的產物。愛的情緒滋養了愛的感覺。

愛自己的孩子顯得自然、正常、再明顯不過。不過這未必總是件容易的事，許多事情都可能涉入。父母面對新生兒時，若未如預期的感到心頭一揪，會感到動搖與罪惡，但卻不敢找人討論。不過，如果愛沒有如期出現，這一方面並非父母的錯，另一方面，如果能把這些全都說出來，愛是能輕易恢復的。但是通常，就算父母意識到自己不愛自己的孩子，要敢於說出來仍舊相當困難，因為這在社會上難以令人接受，是禁忌，是無法想像的，特別是發生在媽媽身上。

當我在演講中提起這個主題時，會場中一位女士尖銳地反對了我的說法：「您

15. 內感受是一種接受器，能讓我們體驗到自己體內狀況的感覺。例如內臟覺、肌肉覺、運動覺、體感、痛覺、平衡感都是內感受的一部分。

不能說一位母親不愛她的孩子，她或許不是非常愛他，但她是愛他的，她用自己的方式在愛他。」

可見，一位母親可能不愛自己的孩子這件事，對我們來說是如此難以接受，以至於我們甚至都否認了它的可能性。那麼，對於那些真實情況確實如此的女性，又經歷了什麼？她們能在哪裡表達自己且獲得傾聽？

在演講後的雞尾酒會上，一位女士向我走來。「我要謝謝你剛剛說的話，我不敢在大家面前說，但我想過來告訴你，我從沒愛過我的女兒，她十二歲了。在演講中，就算那個人再怎麼說每個人都是以自己的方法去愛，我很清楚自己從來沒能愛我的女兒。我為此相當痛苦，我甚至從來不敢跟我的心理治療師談這件事，雖然我已經找她諮商快八年了。你是我第一個吐露這件事的人，謝謝你說一個母親可能會不愛自己的孩子，你讓我瞭解是什麼讓我無法去愛我的女兒，你重新給了我希望。我替她謝謝你，也替我自己謝謝你。」

說一位媽媽不愛自己的孩子聽起來就像是一種指控。為了不讓媽媽感到罪惡，我們拒絕聆聽她的經驗，我們不讓她說話，甚至不讓她真正去思考發生在自己身上的事。她只能獨自一人，堅信自己不正常。如果她能獲得傾聽、理解和陪伴，直到能夠感受到對孩子的愛，她的罪惡感不會少一點嗎？愛可能從一懷孕就被阻斷，愛也可能在每一刻誕生。有多少原本父母不想要的孩子，最後仍被接納，也真的被愛？其實非常多！

娜婷沒有準備好要成為母親，在得知自己懷孕後，她很清楚她要墮胎。最後要不是這位醫生，她就會這麼做了。亞蘭醫生說服她：「你跟你愛的先生一起生活，你有工作……」娜婷至今從沒因為留下了艾波琳而後悔。這個小女孩是她生命中的太陽，她非常愛她……她不想要別人告訴艾波琳她曾經想墮胎。她怕這會令艾波琳痛苦。她也因為曾經不想要自己的女兒而有罪惡感，要不是幸好碰到這位醫生的話……

人生就是如此。娜婷的生活從知道自己懷孕後就改變了，因為艾波琳在不被期待的情況下出現。我們無權說出這件事嗎？最重要的難道不是當艾波琳一出生後，娜婷就愛著她，甚至在做出留下孩子的決定後，在懷孕期間就愛著她？

其他媽媽不愛孩子的時間更長。可以確定的是，這對孩子來說是痛苦的。但比起視而不見，我們最好直接面對事實來解決問題。

在我面前，索朗潔鼓起勇氣告訴自己十歲的女兒她不愛她。索朗潔當然不是只告訴她「我不愛你」，而是跟她坦承：「你常常跟我說我不愛你，說我愛你沒有愛你哥哥多。你這麼跟我說時，我很難過，我回答你說那不是真的。」她看著女兒的雙眼，深吸了一口氣說：「但你是對的，我不愛你，我做不到。是我母親讓我開始瞭解為什麼會這樣，而我現在要告訴你：小的時候，我媽媽不愛我，她忽視我。當她注意到我時，是為了命令我、處罰我或打我。我討厭我自己，討厭小時候那個不能被自己媽媽愛的小女孩。你出生時，我從你身上再次看到了自己。當我看著你，就看到我自己。你哥哥是男生，他不會讓我有這種感覺。我知道這對你來說不公平，我非常想要愛你，為了治好自己，我在跟自己戰鬥，好讓自己能真正的愛你。但目前，我還無法去愛當年還是小女孩的自己。我不愛的不是你，我不愛的其實是我的童年。而你，你有被愛的權利，但我還是難以愛你。以後，當你覺得我對你不公平，覺得我給你的愛不如哥哥多時，請你告訴我，我不會再像以前那樣駁斥你，我想要學著愛你。」

母親和女兒的眼中都閃著淚光，不是絕望的眼淚，而是感激的眼淚。索朗潔透過話語，打破了分隔她們的冰層。「媽媽，謝謝你告訴我這些。這聽起來不是很舒服，但這是有幫助的。」

她們兩人對看了很久，然後索朗潔做了一件她以前做不到的事：她將女兒緊緊抱在懷中，她的真誠創造了親密的一刻。在彼此真心傾訴時，愛的情緒就會出現。而所有我們隱瞞的事情，就算是為了「避免痛苦」，其實都會讓我們遠離彼此。

事實上，這個問題沒有完全解決。之後，索朗潔仍然無可避免地還是會冷落女兒。改變有時需要時間，但她們的關係轉變了：索朗潔如今能在困難時刻找到支撐點去愛女兒。而她女兒體驗過了母親愛的情緒，當媽媽冷落她時，她可以感覺到在這行為背後，曾經滋養過她的那個親密時刻。

要注意的是，在這種面談中，第三者在場是很重要的。第三者能確保雙方不下評斷，允許對話，幫助接受者去理解。

去愛很簡單。只要安全感、真誠和親密的條件俱足，愛的情緒就會綻放。

但當這些條件未俱足時，去愛確實沒有那麼容易。請停止把去愛視為理所當然，如果有許多孩子感覺自己不被愛，或不如兄弟姊妹被愛，這難道不值得我們反思嗎？請停止將愛的感覺、愛的情緒和關愛混為一談。我們可能非常關愛孩子，感受到對他強烈的愛的感覺，卻不曾體驗過愛的情緒。就像性高潮，[16]我們沒有它也能活下去，但這很可惜，而我們的孩子會因此受苦。因為，我們在接觸他們時所感受到的愛的情緒，會讓他們充實，並帶來內在安全感。但若沒有這種情緒，很難建立內在安全感。

學著去愛，或者應該說重新發現自己愛的能力，是有可能的，無論在什麼年紀。

16. 也是因為壓抑情緒、控制和身體壓力的原因，許多女性和男性都不曾體驗過。

PART 2

是什麼讓我們失控了？

我們暴怒、吼叫、辱罵孩子，未必是因為孩子做錯了什麼。事實上，他們的行為頂多只是導火線，我們的態度另有原因。如果對自己誠實，去分析我們的反應，就會發現它們可能非常的不適當，明顯地對孩子的成長沒有幫助，甚至有害。

某些日子一切順利，我們用愛與溫柔看著小寶貝。其他日子裡，一個孩子的笨手笨腳成了國家級的悲劇，另一個的哭訴則引發了無邊無際的憤怒，甚至連嬰兒都沒有「無理由」哭泣的權利。當然，我們會把自己的吼叫合理化，為其辯解，但實際上，我們只是發洩了屬於自己的壓力，但卻不願真正的面對，而這是為了避免罪惡感。

其實，沒必要有罪惡感。我們的行為的確有理由，而且罪惡感會抑制和阻止改變，最好的做法就是敢於正視自己過當的行為，並且勇於承認，而不是輕描淡寫地帶過，這是改變的第一步。「有責任，但無罪」這句話被濫用了，但在這裡，它卻非常正確。承擔責任，就是瞭解自己行動的嚴重性。不過，「這是我的錯，我犯了大錯」這種誇大的罪惡感，能避開責任，是一種逃避的方法。每個人都能做個觀察：當有人誇大自己的過錯時，就會讓受到衝擊的人快速給予「原諒」。「媽媽，沒關係的，別這樣……」孩子會這麼說，而我們就不必再去聆聽他們的憤怒，也不必去衡量我們行為的影響，不必做出修補。但是，如此給出的原諒並無法治癒孩子。傷痕依然完整，無論是在孩子或在我們身上，即便彼此都花了力氣來壓抑受傷的記憶。

為了能重新控制我們的行為，首先應該找出行為的動機。是什麼真正地引發了強烈的憤怒，和有時候會令我們隨之後悔的暴力衝動？在那些極度苛刻，除了對自己的孩子，我們不敢對別人說的話語背後，隱藏了什麼？

內省有時是痛苦的，但能避免我們任由潛意識來控制孩子的教育。因為是潛意識操控著大多數使我們與孩子對立的衝突，破壞家庭關係的和諧，甚至阻礙了親密性。它指使我們說出希望自己從未說出口的話，做出覺得不光彩的事，即便我們會為此辯解。

孩子為此痛苦，伴侶之間為此痛苦，我們自己也為此痛苦。就算想拒絕面對現實一陣子，我們遲早都會付出罪惡感的代價。

在失控的時刻，要敢於正視發生在身上的事。當我們能辨認出雲和風，就不會意外地引發暴風雨，並讓它在家庭中興風作浪。

失控有各種原因，我們多少看過把自己不敢對相關人士表達的情感，發洩到比我們弱小者身上的這種狀況，這是為了不去提及自身不好的經歷而出現的反射動作。另外也有社會因素與生理因素，後者則包含了疲乏、荷爾蒙和疾病。

①精疲力竭的母親

高鐵車廂內，在我座位的前面三排，一位媽媽對自己的兩個小孩越來越生氣。她提高音量，威脅道：

「你等著被打吧！」

其他乘客面面相覷，感到尷尬……沒有人介入。我不知道小孩在做什麼，但媽媽的怒氣又升高一級：

「等一下就有你好看了，這是你自找的！」

我決定放下閱讀中的書，反正也已受到影響了。我走向母子三人：

「你很生氣……需要幫忙嗎？」

「不，不用，謝謝。」

「不，你需要的……」我溫和地堅持著。

「是，我累壞了。謝謝。」

我在她旁邊坐下來，跟她的孩子玩了一下。光是我的出現就已經讓他們平靜下來，第三者的介入永遠能緩和狀況，當然，只要不火上加油的話。

精疲力竭時，我們無法設想周全，會先應付最要緊的事。這位母親已經成功地把孩子和行李帶上火車，她準備了食物和飲料，但忘了帶能讓小孩子打發時間的東西。她疲憊不堪，不再有足夠的精力來陪孩子玩了。

薇奧蘭・蓋希托[17]說：「我正把衣服丟進洗衣機，聽到背後傳來兩個孩子今天早上不知道第幾次吵架的聲音，突然間，一聲巨大的『砰』，緊接著是女兒的叫聲。那時，我動也不動，腦海浮現『她不會摔得很重』，還有『如果她還會叫，表示還活著』這樣的事。我最後就像個機器人一樣把洗衣機填滿，再也感覺不到任何事，我覺得自己不再是母親。」

這是契機。薇奧蘭・蓋希托正在寫關於職業過勞的博士論文，她把自己的經歷與她的研究工作做了連結。在母職中，她經歷了過勞的其中一個階段。職業中的精疲力盡不僅限於公司中，也出現在家中。

每一位新手父母都可能是受害者。所有的母親，甚至那些看起來有信心的，都過著高度緊張的日常生活。許多重複性的工作、極少得到的感謝、瘋狂的作息時間限制、一大堆她們完全無法控制的情況、不可能專注於一件事情而不會被打斷十次……這些，一年三百六十五天，每天二十四小時，永無止境地持續著。因為，我們不可能辭去母親一職。

寶寶如此美好，所以是什麼讓媽媽如此疲累？其實就是因為情況如此「美好」，她們不能抱怨。

薇奧蘭・蓋希托列出了母親生活中壓力因子的名單：

—媽媽的工作是永無止境地重新開始每一項工作。她清洗、打掃，但幾分鐘後，又全髒了，這讓她失去了能為工作帶來意義和能量的成就感。

—媽媽經歷著許多完全無法控制的狀況。她希望能夠徹底保護自己的孩子，但常常感到無力。她不僅要保護孩子免於意外或住院，但也要面對日常生活的大小事，例如嬰兒腹痛、長牙齒和被蜜蜂螫到。

—小小孩的特性就是無法預期，就算母親規劃好一天的行程，也一定會被打亂。你準備出發去見朋友，把寶寶抱上車時，突然得換尿布……就算你是有條不紊的人，嬰兒還是會打亂你的時間表。當夜晚來臨，媽媽經常會有這種相當難受的感覺：「我一整天什麼都沒做。」

—所有的工作都該有報酬……但這似乎不適用於母親這份工作。在那個她專屬的節日裡，她被理想化，也受到推崇。但在日常生活裡，她卻很少獲得感謝，她所做的一切都被認為是應該的。

17.《母親的精疲力竭與如何克服》（*L'épuisement maternel et comment le surmonter*），薇奧蘭・蓋希托（Violaine Guéritault）著。

——除此之外，她還不能犯錯。她把標準設得很高，當發現自己想成為的模樣與日常經歷間的落差，自然會感到絕望。

——誰來負責支持媽媽呢？在心理層面上，面對小小孩時，她們大多時候是獨自一人的。有時候能去可以接待母親和小孩幾個小時的機構，但卻很少能找到聆聽她們心聲的場所。大部分的人都想聽到她說自己因為有如此可愛的寶寶而感到幸福充實，他們不想聽到她說自己有時候想掐死寶寶。老公呢？當他下班回家，媽媽要不就是因為怕他再次出門，所以什麼請求都不敢提，要不就是對他發洩一連串老公不知該如何應對的抱怨。他則會反駁說她也可以再回去工作，或說別人的太太——或更糟糕的，說自己的媽媽都得心應手，但她卻……簡言之，來自這一方的支持很少。

一般而言，一個待在家裡的全職媽媽要負責所有的家務。有時，丈夫不僅沒有提供能減輕妻子勞累的物質協助，甚至還期待她照顧自己！請一位家事清潔員？想都別想，因為妻子們或多或少都會有意識地說：「我媽媽都做得到，我怎麼可能做不到？」此外，許多丈夫也認為那不是必要的開銷，因為「你一整天也就只有這件事要做」。

家務分配的失衡會影響母親對孩子的愛嗎？會！我太庸俗？我誇大了？你以為母親的愛與洗碗或掃地無關？當然有關。

太多衣物要洗、太多地板要擦、太多飯要煮、太多碗盤要洗，這些都可能改變愛的能力。

事實上，讓愛走遠的不是家務本身，而是不公平感。這是一份鮮少被如實承認的不公平感。下面這些日常的評價，總結了這種不公平：如果是「他」換尿布，我們會覺得他很棒。如果是「她」換尿布，沒有人會讚賞她，因為那是「正常的」。某位男性——他是家庭主夫——有一天向我吐露：「我每天都發現這對我老婆來說有多麼不公平，我只做了一點點就得到讚賞和誇獎，她做了一大堆卻沒有人看見。」這是一項無論在男性或女性身上都很罕見的認知。甚至即使有了這種認知，只要不公平仍銘刻在社會中，它就會持續下去。其他較不敏感的丈夫甚至看不到問題，而且可能會在妻子抱怨或無法達成目標時，貶低、羞辱，或歸罪於她。

家庭主婦必須壓抑許多憤怒：那些與沮喪有關的憤怒、面對不公平的憤怒，有時還得加上由無意識或不夠敏感的丈夫所帶來的傷害而引發的憤怒。

獨自生活的女性遭遇到的困難不會比別人多，讓愛無法發展的，是難以表達的怨恨，而不是男性的缺席。

在我們的社會中，大家都期待女性知道該怎麼做，彷彿那是女性身上與生俱來的能力。她們以專業著稱，而少數幾個冒險挑戰的男性則被認為是業餘的。但事實是，她們知道的不會比男性多。確實，女性會分泌母愛的荷爾蒙，也能餵奶，但基因中並未寫著哪一牌的尿布最好，或是有關疫苗注射與親師關係的建議，更別說一切都需要不斷的調整。面對孩子，從來沒有什麼是確定的，因為他們在成長、改變，而且沒有一個孩子與另一個孩子相似。

一段時間之後，媽媽再也受不了了。

薇奧蘭・蓋希托很詳實地描寫了過勞的第一階段：儲備的精力用盡。母親處在情緒與身體的疲乏當中，這是由必須不斷調整所引起的。

如果母親未獲得協助和支援，無法宣洩過度飽和的壓力，她可能會很快地來到第二階段，也就是「自我感喪失」和「疏遠」。

媽媽知道她必須繼續運作，但已不知道該怎麼做到。唯一的出口就是無意識地從情緒方面切斷壓力的來源，好讓精力的流失降到最低，並能繼續像機器人一樣，完成無法逃避的工作。精疲力竭的母親會照顧自己的孩子，但不帶任何情感，她會心不在焉。我們都經歷過這種完全耗盡的時刻：做著應該要做的事，準備三餐、放洗澡水、清理餐桌、哄小孩睡覺，但一切都以無意識的自動模式進行。當精疲力竭的狀態持續下去，自動模式也變成常態，母親與孩子越來越疏遠，她已經不再帶著感情了。

沒人幫助的母親會陷入憂鬱當中，越來越沒效率，一切都需要她竭盡全力，她懷疑自己的能力。有些以前能做到的事，像是打電話、填資料，現在都顯得難以克服。漸漸地，她進入過勞的第三階段，也是最後階段。怒罵、打小孩、懲罰，母親做了所有以前不願對小孩做的事，而很顯然地，事情繼續惡化，惡性循環開始。她看到作為母親的自己，與曾夢想成為的母親差距如此之大，以至於她甚至寧可徹底放棄做母親這件事。因為動機喪失和自尊崩壞，她否認所有自己做過的事，否認過去、現在和未來的所有成就。

並非所有母親都會陷入憂鬱，但絕大部分——若非全部——都會經歷短暫但反覆出現，或持久的精疲力竭階段。

過勞的起因並不是女性的脆弱，不是因為她可能比其他人有更痛苦的過去，而是她與周圍互動的結果。不需要給她藥物：需要治療的不是她，而是需要重新設想她周圍的環境。這也不是僅限女性的病症，一位瑞士的小兒科醫師就證明了父親們也會經歷一模一樣的狀態，如果留在家裡照顧寶寶的是他們的話。

在這些困難的條件中，我們能瞭解父母有時會覺得自己受夠了，也瞭解到孩子會因此遭殃。一位精疲力竭、受過勞之苦的母親會與孩子疏遠。她越來越無法控制自我，覺得自己像是囚犯，被孩子剝削。她可能會對孩子的要求起而反抗，把孩子視為暴君，為此而恨他。有時候，恨意如此強烈，甚至會抹去她身上所有的母性。「他讓我消耗殆盡！」卡蜜兒吼道，「我再也受不了！這麼說很糟糕，但我對自己的小孩已經沒有任何感覺了，我有時候就像個機器人一樣在照顧他。他很快就讓我生氣，如果不馬上做我要他做的事，我就會發瘋。」

卡蜜兒是一個壞媽媽嗎？「她沒有母性！」她的婆婆如此評斷。後來，卡蜜兒依照我的建議重回職場，也漸漸重新找回對孩子的親情。現在，她很樂意與孩子玩；而之前，她只是處在過勞的極端階段而已。

壓抑的情緒、自我的貶低、情緒的疏遠、情感的距離、無力感、沮喪……這是會爆炸的混合物！當媽媽崩潰並虐待孩子，整個社會都應該負起責任，而不只是她自己。

搏君一笑

有天晚上，一個男人下班回家。他的孩子還穿著睡衣，在花園的泥巴中玩耍。房子周圍的草地上，有吃完的冷凍食品空盒和果汁盒。他走進屋裡，情況更糟糕。髒碗盤散落廚房各處，狗食打翻在地，一扇窗戶破了，到處都是碎玻璃。他在客廳裡找到玩具、衣服，地毯上有一塊汙痕，檯燈也被打翻。男人很怕太太遭遇了什麼不測，急忙跑上三樓。在那裡，他嚇呆了，他發現還穿著睡衣的太太坐在床上平靜地看書。她轉過身來，微笑著問他：

「你今天過得如何？」

「今……今天家裡出了什麼事？」

她微笑著說：

「每天你回到家，都會問我今天做了什麼。當我回答說忙著照顧小孩和整理家務，你會跟我說：『就這樣？』所以，今天我什麼都沒做！」

②父親真的在崗位上？

露西累壞了，再也無法照顧她一歲的兒子。然而，她的先生費德利克很投入兒子的教養工作。她肯定地告訴我，先生比自己更知道兒子的需求和應該如何與兒子相處，他給了建議，但很明顯，她根本做不到，露西覺得自己真的很沒用。

先生給她建議？建議一定是有貶低意味的，因為它暗示了對方不知道該怎麼做。我從中聽出了夫妻間的不平衡，與先生的對談則讓我更加瞭解他們關係的動態。他認為露西給了亞歷山大過多的照顧：他哭的時候，露西太急著過去抱他，她對兒子太好，給的母愛太多了。他推崇更嚴格的教育方式，「你得設下界限，不然你會累壞的。」他這麼告訴露西。她則對他充滿感激，但與此同時，也感覺越來越糟。越追隨先生那些要讓她輕鬆一些的建議，就越疲累、越不開心，她也越來越無法忍受兒子的要求。費德利克建議她：「你就讓他哭，他會停止的……你要這麼做，或那麼做……」每一個建議都在貶低她。露西用「感覺」的，但費德利克「知道」該做什麼。只不過，露西以前學過「知道」優於「感覺」，所以在這種背景下，丈夫的指責與建議和她在幼時被指責的「你真沒用」產生了迴響，因而有了很大的威力。因為問題在於她，育嬰期間，由於疲憊、荷爾蒙劇烈變化、產後創傷、可依循的習慣喪失，反而常出現的是自覺脆弱，又加上服從的個性——更何況她還離開了職場！日常生活不再有規律的作息，尤其，她不再感覺自己有能力與效率，這是在家照顧小孩很難獲得的感覺，憂鬱症已離她不遠了。

我問了費德利克的過去。原來，他才剛出生不久，媽媽就再次懷孕，他只有兩個月的時間獨自擁有母親，而且，還是一個在工作的、做小本生意沒有育嬰假的媽媽。他睡在店鋪的後廳，媽媽則在客人不多的時候來餵奶。他無法忍受他太太對孩子的需求所付出的時間和注意。看見一個如此關心的媽媽，讓他想起他不曾有過的溫柔待遇，也突顯了他本來其實可以、也應該獲得如此的對待。意識到這種不公平對他來說非常痛苦，他不去思考小時候被母親冷落的痛苦，而是去評斷自己的妻子：她是一個壞媽媽，因為她既冷落自己的孩子，又「太」照顧他。他責備她，她則感到痛苦。因為無法向丈夫表達自己的憤怒和拒絕他要求她做的事，露西把憤怒和冷落轉移到兒子身上。費德利克是那種看起來很正常，知道該怎麼做，會替家人竭盡所能也能支持憂鬱症妻子的人。但事實上，他要為家裡的狀態負上很大的責任。**在伴侶或家庭中，出現症狀的人未必是狀況最不好的人：這個人只是保險絲，是最敏感的因素，用跳電來保護其他成員**。家庭是一個系統，孩子的到來搞亂了局面，情感的重新調整勢在必行。在某些伴侶中，這進行得很順利，但在有些伴侶中，過去未曾癒合的傷口則會表現出來。

原本只面對彼此的父母雙方，現在要一起面對孩子。女人變成媽媽。為了接納寶寶，會有一段時間要把自己的需求擱在一旁。如果我們曾收到充分的關愛，這是件簡單的事，如果沒有，就會比較困難。而男人變成爸爸，他會為孩子付出，但他也照顧妻子、愛撫妻子，給予她哺乳需要的力量。有些男人會因為看見妻子轉變為母親而惋惜；有些則擔心自己太過融入父親角色，而逃避這種情況。還有一些對寶寶的期待感到驚恐，對妻子的期待感到困擾：他們的父親以前經常缺席，於是在自己接下父親這個新角色時，會避免親密性：「我是父親，我的存在是要讓母親和孩子保持距離，是要賺錢養家，要保護家人。」

然而母親的態度，或是家中每位成員的態度，都在回應一種複雜的家庭動態。我們常常聽見丈夫指責妻子給予孩子太多……然而，一位母親之所以給予孩子太多，常常是跟先生有關。

如果做丈夫的能帶給妻子溫柔、肢體接觸、對妻子情緒的尊重和敬佩，如果他同時承擔丈夫與父親的位置，他將會創造出有利的條件，讓母親得以與孩子建立更恰當的關係。[18]

18. 當然，如果是父親在家帶小孩，母親出外工作，情況也一樣。她必須提供這份溫柔、這種情感上和物質上的支援、這份父親需要的力量來源。

③ 其實，我們都難以承認那些欠缺……

有時候，我們不太知道自己為什麼過得不好，大家都說：你擁有「可以幸福的一切」。如此一來，因為沒有抱怨的權利，我們就不去聆聽自己的心聲……讓那個訴說不滿足的微弱聲音噤聲。但不足變成了嚴重缺乏，然後有一天，無意識地，我們會把自己的沮喪投射在孩子身上。

艾德薇離開了一份令她很有成就感又熱衷的工作。她選擇回家照顧小孩，雖然確實多少受到家人和先生的驅使，但那還是她的選擇。然而，即便她不敢承認，她還是想念工作，而孩子遠遠無法提供她過去得到的智力刺激、個人滿足和社會認可。她甚至想念那些壓力：在期限內交出文件、當最優秀的員工、拿到一筆交易……即使她身邊的人認為，這壓力對一位年輕媽媽來說實在太過疲累，她還是樂在其中。**其實，要承認孩子不像你所期望的那樣充實了自己的生活，實在不容易。**她深愛孩子，卻因為這個她不敢質疑的決定而埋怨孩子。她深知這完全不是孩子的錯，他們沒有做出任何決定，但卻還是這一切的起因……漸漸地，她為了一點小事生氣，很容易失去耐心，也發現自己變得惡毒。當然，她不喜歡惡媽媽的形象，這對事情沒有幫助。

所有的壓力、無法滿足的需求，都將產生可能會宣洩在孩子身上的情緒。而無論是工作的問題、夫妻間的不滿、個人發展的缺乏，或目標的欠缺，這些也都可能促使我們與孩子的關係改變。

解決方法是存在的，為了找到這些方法，首先必須勇於正視我們經歷的事。再者，我們也不只是擁有靈魂，我們有身體，需要飲食、睡眠、陽光……當這些需求沒被滿足，將會耗盡能量，致使我們對於噪音、混亂和反駁的容忍限度大幅降低。

④ 荷爾蒙的影響力

我們無法否認荷爾蒙的影響。每個月，女性都會經歷一段荷爾蒙風暴，它有時會波及周遭的人，先生與孩子是我們怒氣的最早受害者。大部分的女性在生命中的某一段時期，通常是在第一次生產後，都會身受經前症候群之苦。

這種症候群是許多症狀的總和，壓力、發怒、負面情緒、容易批評和貶低他人都是症狀的一部分。受到血液中大量雌激素的影響，要保持平靜並不容易。知識能幫助我們認識這個週期，不讓荷爾蒙控制的憤怒蔓延。但在這些時刻，我們的客觀判斷力停滯了。

對，孩子當然「值得」被我們告誡，但為什麼正好就在這個週期中，我們更常大吼大叫呢？

⑤ 當生活的考驗消耗了我們的精力

生活並不容易，它不一定總會安穩地進行，疾病、失業和親人去世會無預警的發生。然而，我們無法選擇發生在自己身上的事；情緒、壓力和疲憊都會改變我們的心情，破壞士氣和精力，對親子關係產生影響。

朵蘿泰得了癌症，她很專注在自己身上，覺得需要找回方向，因此只關心自己和自己的治療。再說，當我們生病時，如何能繼續為孩子撥出時間，並在對待孩子時保持平靜？她無法再忍受兒子製造的噪音，從一開始生病，她就常常吼叫，她厭惡這樣的自己。她也非常清楚，這種生活不會讓五歲的兒子提姆泰有安全感，他會因為母親的疾病而焦慮。她知道他接受了一切，逆來順受，可是她不喜歡這樣。她也擔心他會覺得自己讓媽媽痛苦，而有罪惡感。她清楚知道在這個年紀，孩子仍然有自我中心的想法，他們覺得自己是世界的中心，把一切都歸於自己，因此可能會覺得要替發生在母親身上的事負責，「媽媽生病是我的錯。」她不想讓事情變得更嚴重，想要保持平靜，溫柔地和兒子說話。但她的思慮沒有分量，她被壓力淹沒……大吼大叫，讓提姆泰感到害怕和內疚。她埋怨自己，但越埋怨就越常吼叫，唯有第三者的介入能幫助她。我們不是超人，當生活的一個面向大量消耗我們的精力，面對孩子的精力就減少了。

無論是經濟上的困難、失業的威脅、職場上的霸凌問題、親人生病或過世，或是我們自己罹患疾病，都會帶來沉重的焦慮，也讓我們無法如自己希望的那樣多陪伴孩子。事實上，消耗精力的不是這些問題本身，而是我們為了壓抑情緒所做的努力。當然，問題令我們擔心，但如鉛一般沉重的則是焦慮。我們用焦慮這個詞來命名神經叢層級的壓迫感，那不是一種情緒，而是許多情緒的混合體，是一種與壓抑恐懼、憤怒、悲傷等情感有關的寄生感覺。它與灰暗的想法、負面的信念結合在一起：「我做不到的，我很沒用，我一點價值都沒有……」

焦慮是我們所陷入的情緒混亂狀態的表現。

為了不讓孩子害怕、為了保護孩子，但也為了不去正視現實，我們常常寧可讓壓迫我們的焦慮噤聲，把它們好好地保存在心中，試圖在別人面前將焦慮隱藏起來，特別是在自己的子女面前。

然而，談論我們遭遇的問題和引起恐懼的事，能讓我們脫離這種混亂狀態，並整理情感。就算這未能解決問題，也能幫助我們看清自己，也因此有更多方法來解決問題。

當然，幫助我們整理情緒並不是孩子的責任。我們必須依靠其他成人，像是伴侶、父母、友人、心理治療師等。但是，我們也不應該向孩子隱藏情感，孩子有權知道我們在擔心什麼，或者，如果我們也不知道自己在擔心什麼，孩子至少也有權知道我們在為某些事情焦慮。「我現在覺得焦慮，但那跟你一點關係都沒有。」

否則，他們會胡思亂想，也開始焦慮，卻無法清楚找出焦慮的來源。他們可能會出現這些症狀：學業成績滑落、越來越常做蠢事、壓力、睡眠問題、攻擊性、憂鬱……這些症狀既是潛藏的焦慮的後果，也是孩子潛意識地想透過吸引父母對自己的注意力，讓他們分散對自身煩惱的關注；也是孩子在困惑之中，試著把從父母身上感受到的怒氣發洩出來的方法。這些看似都是無意識的，但有時候根本不是。在治療中，常常會有孩子像昆汀一樣坦白：「爸爸讓我害怕，他身上有一顆怒意的球。我沒辦法克制自己不做蠢事，所以當他對我生氣時，這顆球就跑出來了。」或是像瑪莉如一樣：「家裡氣氛很激烈，有時候，我會突然暴怒，我試著發洩壓力。」

如果我們不說出來，孩子會尋思意義，並在腦海中建構出通常比真實情況更糟的幻想。他們會下意識地想幫助我們，以下是一些在諮詢中常聽到的句子：

「我媽媽什麼都不跟我說，她甚至沒在我面前哭過。但當我看到她的樣子，我告訴自己，永遠不要再為她帶來煩惱。」

「我看到她如此傷心，我告訴自己，不能再讓她更傷心了。所以我這輩子都沒再哭過。」

「我父親會假裝什麼事都沒有，但我看得出他非常不快樂。我一直很注意他，想要讓他開心。」

「為了排遣媽媽的心情，我會裝瘋賣傻。她說我是她的太陽，我用盡全力閃耀，讓她不至於枯萎，我那時真的很怕她會自殺。」

矛盾的是，我們之所以不太談論，甚至完全不談論自己擔心的事，目的是為了保護我們的孩子。

但是閉口不談一點都不能保護他們。一起哭泣、分攤憤怒，這跟分享喜悅一樣重要，能讓我們感受到連結，感覺彼此合而為一，幫助父母不去害怕孩子的反應，也能不那麼為孩子擔心。而孩子則能知道發生了什麼，因此擁有了瞭解父母的關鍵。請注意，當我說「談論與分享」，絕對不代表向孩子傾吐，把重壓宣洩在他們身上，期待來自他們的安慰或期待他們多少負起責任。別把角色顛倒了：他們不是我們的保護者，不是我們的父母，而是我們的孩子。我們不能逃到孩子身旁，讓自己獲得安慰。我說的是告知，不要閉口不談，不要隱瞞，不要把情緒藏在內心。**壓抑的情緒會消耗我們大量的精力，不知不覺地，當內心忙著向孩子隱瞞情緒時，我們就疏遠了孩子**；一方面是因為他們在我們心中的位置變小了，另一方面是因為我們不想要他們看見。

再來，會有兩種可能性：一個是我們被煩惱壓迫，但孩子什麼都沒表現出來，沒有產生任何明顯的症狀，而這常會惹怒我們。我們甚至可能會指責他們太無憂無慮，但其實是我們刻意向孩子隱瞞自己的煩惱。另一個可能性，就是他們不知不覺地開始為我們的情緒負責。

⑥「所有我不想要的」都在他身上！

萊提西雅帶她三歲的兒子亞歷山德來見我，他常會極度憤怒。三歲時，孩子可能還處在易怒期，但亞歷山德的憤怒非常激烈，也會持續好幾小時。我聽了這個小男生這幾年的經歷：他的父母很尊重孩子的需求，很細心，從沒有一方會大吼大叫。表面上看來，似乎沒有什麼能說明亞歷山德總是因為一點小事就爆發憤怒，但他的怒氣如此激烈，其中一定有原因。我回想到萊提西雅的一句話：「我從不吼叫。」我問了她的過去。

萊提西雅的爸爸有酗酒的問題，他很專制，一喝酒就變得暴力，會打老婆和小孩，她的媽媽只能承受和哭泣。她時而忽略孩子，時而期待孩子能照顧她。如今，萊提西雅與父母的關係很疏遠。萊提西雅當然怨恨父母毀了她的童年，但她拒絕「重提往事」，她埋葬了自己的憤怒，假裝沒事。

亞歷山德出生了，面對這個小嬰兒時，過去的畫面一一在她的腦海閃現，但她封閉自己，拒絕去感受。她以前是如此的恐懼，內心有如此多的憤怒、痛苦和狂躁……但她壓抑著。為了保護自己，她把這些不想要的情緒向外發洩，這是防禦機制中最古老的一種。她不自覺地把憤怒發洩在兒子身上，事實上是利用兒子來發洩那些她甚至不敢去感覺的情緒。亞歷山德感到很困惑，但他也感受到了，當自己吼叫和用頭撞牆時，媽媽的內心似乎有什麼在動搖。他常常想讓媽媽滿意，所以他又重新開始……顯然，他這麼做也是不自覺的。但他內心被自己無法控制的情感占據，他無法處理，所以總是表現出激烈的憤怒。萊提西雅沒有想到自己會是兒子憤怒的起源，因此她感到無助，她無法理解這些憤怒，因為這完全不是亞歷山德對於目前自身所處環境的反應。

她感到無力，也試著要讓兒子平靜下來，不再吼叫。但是孩子也能感受到母親心中似乎有一小部分喜歡這種發洩，媽媽無意間傳達的訊息，勝過了有意識的訊息。亞歷山德被自己拯救母親的需求束縛了，他處理了母親未說出口的怒氣。他對媽媽感到生氣，就像媽媽從來不敢對自己父母做的那樣——也或許因為她從來不曾將自己的憤怒發洩出來。

我們在治療過程中提起這件事時，儘管只有三歲，亞歷山德還是專注地聽著。萊提西雅哭了，她對亞歷山德說：「你不必承擔我的憤怒，要照顧我的不是你，我才是媽媽。我會去跟我的父母談，跟他們說我從來不敢告訴他們的話。這是我的問題，是我的憤怒。」

治療結束後，亞歷山德的憤怒不再那麼激烈，只有微微的憤怒，那是對於沮喪或眼前的不公平所做的反應。

我們的傷痛不知不覺地引導著我們的態度，它們讓我們發出可能與我們的語言指令相違背的非語言訊息。因為非語言訊息並不明確，它們總是比我們的話語更有力。

舉例來說，一位可能因為曾被暴力對待而輕視男人的母親，會難以尊重與信任將會成為男人的兒子。她愛他，但又無法愛他。她只能表現出一種矛盾心態，而兒子從寶寶、小男孩、青少年到成為年輕成年男性的每個階段，都會對此做出反應。孩子會在父母的眼光中自我建構。

研究人員越來越注意到家庭問題的整體面向，因此研究了父母與子女間的鏡像症狀。一項針對四十位患有慢性疲勞的青少年和三十六位「對照對象」的研究，證明了孩子慢性疲勞與母親心理痛苦之間的相關性。更引人注意的是：增加母親不在家的時間，會減少孩子出現慢性疲勞的風險。我們可以確定：**青少年的生理與心理狀態與母親的情緒狀態有關**。如果母親和母親的痛苦就在附近，疲勞會找上青少年，這是因為他必須壓抑對於母親的憤怒嗎？總之，父母試著想讓疲累的孩子打起精神是沒有用的。出門走走，讓他自己享受生活的樂趣，才能更有效地使他振作。

孩子也會對各種情況做出反應，當他表現出不合常規的行為時，可以稍微檢視一下發生在他周圍的事。就算他自己並不真的知道，他也會有預感、會感受到，也會對未說出口的事有所反應。家庭中的爭執、喪事、宣布離婚、父母間的爭吵……不，他什麼都沒聽見，但隔天，他就來了一次前所未有的大爆發。他對自己的服裝、對音樂、對外出活動等都極度不滿。表面上，他惱怒的對象與無意識地刺激他發怒的祕密沒有任何關係。

每個年紀的孩子都會對大人想要閉口不談的事情有所反應，我們何不學著與他們談談，以避免孩子因為那些很可能由我們的沉默所引發的行為而受到懲罰？

孩子總是會想辦法讓自己符合父母的要求，如果這對我們來說並不是顯而易見的，那有一部分是因為孩子常常會把我們對他的評價解讀為命令。「你很膽小」會迅速地獲得「要膽小」的回應。因為，這是父母說的，所以應該是真的，於是，孩子讓自己去符合這句話。而更主要的原因是，比起有意識的要求，孩子有時更容易聽見潛意識的期待。

⑦那些一再重演的經歷

「馬修跑著過馬路，我賞了他一耳光，那是出於本能的，我不由自主就打下去了。這很正常，不是嗎？那樣過馬路很危險！我跟你保證，他這下子學乖了！」

不，小孩做出危險的事時，打他並不正常。這或許是常態，因為我們的社會尚未解決暴力的問題，但打小孩既不正常，也不健康。那是認為小孩只是需要訓練的動物，我們向孩子灌輸了巴夫洛夫的制約反射。沒錯，有時候這是有用的，但也有副作用。賞一個在路上跑的孩子耳光，會讓他注意到審查他的大人，而不一定會注意到汽車，更不用說之後可能會引起的叛逆反應。

凱薩琳不由自主地賞了兒子這一記耳光，我問了她。沒錯，她小時候常挨耳光，「但從不過分」，她說道，是在她做了蠢事或危險的事的時候，她一直認為自己挨的耳光是合理的。我請她再多回憶一些，她想不出任何的狀況，反之，她記得那些耳光。

「你被打耳光時有什麼感覺？」

「我的臉發燙，我討厭我媽，我會回自己房間小聲抱怨她，想著要惡整她……沒錯，我完全不再去想自己做過的蠢事。那讓我想要偷偷去做，不要被發現，就這樣！」

臉上的灼熱感抹去了對所犯錯誤的意識，也把孩子的注意力轉移到與迫害者的關係上。在回想起慣用言論背後自己的真實經歷後，凱薩琳承認那些耳光什麼都沒有教會她，也絕對不是一種教育方式。所以，當馬修跑著過馬路時，凱薩琳到底怎麼了？她替他害怕，但不僅如此，這種情況也帶回了凱薩琳對過去相同情況的潛意識記憶。

面對一個特定情況，大腦會尋找適當的回應。雖然大腦的分析並非有意識地進行，特別是在緊急狀況下，但它會從資料庫中尋找行為模式。對相似情況的回憶可能會被活化，有哪些看過或經歷過的能引導我的態度？影像是潛意識的，但它們仍然頗有影響力。之後，大腦會很合理地從浮現出來的記憶中，選擇最不會引發負面情緒的行為。

兒子過馬路時，凱薩琳的大腦把重要的因素分類。孩子做了蠢事，他讓自己置身於危險中，我該怎麼做？大腦將這個情況與她過去經歷過的情況進行比較。以前，凱薩琳做蠢事或讓自己身處危險時，會被賞耳光。在她潛意識的記憶中，有小時候的她和她當時的情感，還有她的母親與母親的行為。在那個當下，她有兩個選擇：將自己當作那個被賞耳光的孩子，或是當作賞耳光的媽媽。她的大腦會選擇較不痛苦的行為。

只要我們兒時承受的痛苦未被揭露與治癒，大腦就不願冒險喚醒它們。為了要

「保護」我們，不讓兒時的狂怒、恐怖和絕望爆發，大腦選擇重複我們見過的行為，更何況這個行為有很大的機會是被父母定義為「好而正確」的，我們就是這樣重複了父母的行為。我們會覺得這合情合理，或是非常絕望。心理分析已經充分釐清了這種防禦機制，並命名為「對攻擊者的認同」。

請勿將父母所有的態度都化簡為單純的重複。但是，知道此機制的存在，很能幫助那些受此機制所害，並為此絕望的父母不再感到內疚。

有時候，我們也會意識到自己曾經受苦，並或多或少有意識地選擇了與父母完全相反的做法。他們禁止一切？那我們就允許一切。他們強迫我們吃飯？那我們就從不給自己的孩子他不想要的。他們不設界限？那我們就選擇嚴厲！但又一次的，我們仍舊是對自己切身的經歷做出反應，而不是出自對孩子需求的深思熟慮，我們的行為是不由自主的。

意識到自己曾被傷害是不夠的，只要壓抑的情緒無法被表達與聆聽，它們就會重新活化。與父母相反的態度只反映了我們對父母的怒意，那不是一種理性的教育立場。我們常常會認為我們的教育行為是自己自由選擇的，深信自己的過去已被治癒，請勇敢地觀察與內省吧。過當行為與慣性的一面都應該能警惕我們。

在每種情況中，我們都有選擇：把自己當成小時候的自己，敢於回憶自己的經歷和有時很激烈的情緒；或者把自己當成自己的父母而拒絕這麼做——我們模仿父母的榜樣，或完全與他們唱反調。如果我們拒絕意識，那麼無意識的行動通常會對孩子不利，因為，誰想挖掘出那些沒有人願意關心的回憶呢？

我們的孩童時期如此遙遠，如果不曾踏入心理治療師的診間，我們通常不會試著認識自己的過去。我們當然有記憶，但大多時候，這些記憶既未能從它們喚起的情緒中解放，彼此之間也沒有組織與聯繫，因而無法讓我們自由。反而讓我們成為現在的樣子——一個我們既熟悉又陌生的人。我們某種程度上認識自己，「習慣」了自己的反應，但我們無法掌控它們。一般來說，我們會留下正面與愉悅的回憶，抹去痛苦的部分。忘掉侮辱、被父親訓斥時的苦惱、對處罰的怨恨、在黑暗中的害怕……我們記下了這個信條：即使那一刻感到痛苦，但父母的行為是「為了我們好」，他們對調皮搗蛋的我們做了他們能做的。我確實誇大了，但請你想一想，可以幫助我們更瞭解自己身上發生的事的那一絲真相。因為認為父母對我們的懲罰是合理的，他們的態度是出自於對我們的愛，當我們的孩子做出與我們相同的行為，做出同樣的「蠢事」或和我們一樣「任性」時，我們很可能會做出與父母相同的回應。

因為不曾意識到小時候內心的經歷，我們便找不到依據去感受發生在孩子身上的事。於是，我們也會試著以「為他好」為由，去做「對他有幫助」的事，我們越來越服從自己的教育信念，而非自己的感性，尤其這份感性或多或少被隱藏起來了。有時，我們會對自己的行為感到後悔，但卻鮮少去聆聽自己心中這道微小的聲音，尤其是當有其他更「權威的」聲音在心中迴響時。

暴力產生暴力：被父母打的孩子感到無力。他覺得愧疚，也壓抑自己的怒氣。輪到他成為父母後，在面對自己孩子時的各種無力感，可能會喚醒被隱藏的怒氣。回憶仍舊是無意識的，無法承受如此強烈情感的父母，會把長久以來被抑制的憤怒發洩到孩子身上。

⑧ 是真的忙碌，或是為了逃避痛苦？

大部分的父親，也就是那些每天出門工作，晚上才回家的父親，絕對無法理解妻子的經歷。他們通常會把家中的情況理想化：「你真好命，你在這裡安安穩穩的。」事實上，在這些話背後，他們很可能知道一小部分的真實狀況。因為，研究證明他們逃避回家。而他們之所以逃避，是因為他們害怕某些事情——沒錯，一旦男人成為父親，他就會為了不要太早回家而花更多時間待在辦公室或咖啡館。

當然，這只是統計資料，也有一些非常關心孩子的父親，只要工作允許就會馬上回家，也會毫不猶豫地請假帶小孩去小兒科看病。但事實是，一旦家中住了一個小孩，大部分的男士會越來越晚回家。我們可以認為他們是為了賺更多錢而更努力工作，他們或許也會如此為自己的選擇辯解——但這不是事實。其實，他們只是單純地不想經歷妻子的經歷，尤其不想喚醒自己兒時的強烈情緒。他們可以選擇，就社會層面來說，他們有逃避的權利，女人則無法逃避。大家都期待女人能承擔，而且還要面帶微笑地承擔。

一間位於巴黎近郊工業區的公司，很注意父親與家人相處的必要性，決定在晚上七點關閉辦公室。[19] 由於附近沒有咖啡館，老闆很驚訝竟看見員工在公司門口一直聊到晚上八點，甚至在冬天也一樣——這正好說明了孩子有多麼令他們恐懼。

當爸爸下班回家，他們覺得疲累，但未必是跟他們在白天做的事有關。疲累常常是情緒壓抑的症狀，這是一種麻痺他們寧願不知道的痛苦的企圖。

每天晚上，艾米良都很晚回家。到了星期天，他會以一個已經付出了這麼多，且精疲力盡的男人的語氣要求妻兒：「我請你們給我片刻安寧，讓我可以看我的報紙。」然後，他就會消失超過兩小時。他也承諾會在假期間多與家人相處，他說：「等工作比較不忙一點。」但一到放假，他會睡得很晚、睡得很久。據他所言，為了從壓力如此巨大的一年中恢復過來，晚起和午覺是必要的。長假、週日和假日時，他的疲累只有夜晚孩子入睡後才會停止：他終於可以看電視、上網或做些事直到凌晨一點。

在治療中，艾米良意識到他用疲累來隱藏的情緒。他多多少少知道自己不想給孩子更多的關心，特別是對他幾個月大的兒子。他很不擅長和這個小寶寶一起玩。在勉強笑了三次，用盡所有方法後，他就感到無聊至極了。「他太小了。」他說，「等他會說話就不一樣了。」

事實上，艾米良只是不擅長親密關係而已。但是，面對寶寶時，我們就面臨了親密關係的挑戰。艾米良真的以為自己是因為工作而疲累，他不認為自己與兒子之間有什麼大問題。他覺得自己不跟兒子玩是自然、正常的，而他太太幾乎無時無刻都在照顧孩子也是自然、正常的。「那是女人的工作，寶寶首先需要的是母親。」他如此為自己辯解。

我要他陪寶寶玩一整個小時，並給了他一項指令：不要逃避，不要感到無聊。而為了能做到這點，他要注意自己感覺到的每一件事，注意自己的情緒、感受和想法。

結果，艾米良為自己窺見的強烈痛苦而震驚。「我覺得自己又變回嬰兒，而且在我內心無法控制之處，我很害怕會發現沒有半個人在。」

艾米良的父母不懂得關心，他們沒有在他需要時在身旁支持他。他的父親一樣熱愛工作勝過寶寶，母親既不想太常把他抱在懷裡，也不會在他一哭的時候就跑過來，或為了他在半夜醒來。小艾米良感覺非常孤單，那太過痛苦，因此他把所受的苦難埋藏到潛意識中。

艾米良從未反抗過父母，甚至連一點青春期的叛逆都沒有。他在十七歲時就早早離家，但他把這歸因於自己對獨立自主的想望和家裡離大學太遠。之後，他到國外生活了幾年。「沒有人對我感興趣，那不如就走遠一點，這樣才能相信那是地理上的距離而不是情感上的距離。」他漸漸疏遠了自己，就像他的父母疏遠他一樣。

只要他還是單身，他就可以不必察覺這件事。然而，一成為父親後，看到自己

19 《國際郵報》（*Courrier International*），2005。

的孩子得到了自己從未獲得的關愛，對他而言太過痛苦，特別是在小兒子出生之後。這個小男孩就是小時候的他，他不想遇見心中的這個小男孩，他不想再次經歷孤獨的痛苦。他避免與自己的孩子接觸，以免喚醒舊時的被拋棄感。為了不重新經歷欠缺感，他逃避親密。他逃避的不是小兒子，而是自己小時候的痛苦。

女性也會經歷這種潛意識記憶重新活化的痛苦，但是，與男性相反，她們比較不可能實際地逃避，她們會逃到憂鬱中。

⑨ 當你覺得自己的存在沒有價值……

對這位母親來說，一切都太過困難了。漸漸地，她開始埋怨自己的寶寶，討厭他讓自己經歷的事。她開始冷落他，她再也受不了了，她無法愛他。有一天，結束生命的念頭從她腦中冒了出來……

當一位母親想要自殺，她的朋友和家人通常會試著對她說理：「你有小孩，想想他們，你沒有權利這麼做。」但這仍舊是在否定她。她或許會為了孩子留下來，但身邊的人已經向她證實了一件事：她沒有自己的價值。她的父母不承認她的權利，甚至是她自己存在的權利。她只為了其他人、為了她的小孩而存在。她怎麼能不去怨恨小孩？她可能會陷入更深的憂鬱或變得暴力。有時兩者會同時發生。

席琳剛脫離一段漫長的憂鬱期。她狀況很不好，非常疲憊與苦惱，以至於再也無法忍受八歲與四歲的兩個孩子的一切，有時會打他們。她為此討厭自己，這對她怎麼看待自己沒有幫助。她坦言：「我想過自殺，我是因為對孩子有義務而活著。事實上，我只是苟延殘喘，我沒有辦法真正的活著。然後，我發現這對孩子來說也很沉重，需要努力、辛苦地支持我的不是他們。我的生活和我的幸福都不該依靠他們。我的生活與我自己有關，我的生活屬於我自己。我不需要為他們而留下來。當我告訴自己不需要為他們負責，我有自殺的權利時，反而給了自己活下去的權利。為自己活，不再為孩子而活！這是走出幽暗隧道的開始。我不再打他們，不再因為他們是我的重擔而怨恨他們。我不再被迫為他們而活，我決定要活下去，為自己而活。」

當然，因為想到了孩子，而在付諸行動的那一刻抑制了自殺的想法並不少見，這當然是非常好的事。瑪莎就吐露：「如果我的女兒那時候不在場，我就會自殺了。我想到她，我不想要她在成長過程中沒有媽媽。」不過，如果形成了依賴的態勢，這就成了問題。「我對於生命不再有興趣，我只為了小孩而活。」在瑪莎的案例中，對女兒的想法阻止了她的行動，但為了找回對生命的熱情，她繼續了治療之路。

⑩ 受傷的關係需要修復

韓娜熱愛她的大女兒。第二個孩子出生時，她覺得這個來得有點太早的新生兒讓她和大女兒分開了……而且，她自己當年也非常討厭自己的弟弟……這些讓她的頭腦一片混亂。一開始她說：「男生不一樣，我比較不擅長照顧男生。」然後她意識到究竟是怎麼一回事：「當我可以告訴我兩個月大的寶寶，對我來說，愛他比愛他姊姊難時，我經歷了真正的解放，一股愛的浪潮席捲了我。我終於第一次真正感覺自己與他非常親近，我的淚水湧上眼眶。之後，一切都變得非常好。」

說出自己的情緒，甚至是那些最痛苦的情緒，能夠修復受傷的關係。沉默比恨更具殺傷力，恨是各種混雜情感的累積，只要說出來就會解開，因為在它背後的恐懼與痛苦得到了承認與接受。

⑪為什麼我對孩子有這種幻想？

「那很可怕！」奧莉維亞一邊嘆氣一邊向我吐露：「我曾經幻想自己在性侵女兒。我看見她裸著身體，想像自己正在弄痛她，在強暴她。我被這些自己想像的畫面嚇壞了，我深感罪惡……」她哭了。所幸，奧莉維亞從來沒有去實現她的幻想。但她一想到自己有一天可能會克制不住，就相當害怕。

奧莉維亞邪惡嗎？不是的。在我們每個人的潛意識中，都存在著這類畫面。當它們變得揮之不去，那就表示它們掩蓋了必須披露源頭的傷痛。以奧莉維亞來說，有多種假設：

1. 這些畫面反映了她自己：她曾經是性侵受害者（插入、猥褻，或強迫觀看猥褻影像）。她可能記得，可能不記得。

2. 她曾經目擊某個她無法說出口的性侵場面，且一直深植在她心中。她可能記得，可能不記得。

3. 她在轉移某個服從的情況。她曾在不是性的方面受過其他虐待，她被控制卻無力防衛，她感到羞辱。而她想像的畫面之所以與性有關，或許因為那是針對她的女性身分而發生的虐待。

4. 她的某位長輩——母親、祖母，或她有意識或無意識地與自己劃上等號的某位阿姨，曾經受到性侵。奧莉維亞可能知道，可能不知道。

我們探討了這些不同的面向。奧莉維亞並未受過性方面的凌辱，但針對她家人所做的調查很快地揭露了她母親曾在她出生前幾年被強暴。一位被強暴的女性必然會在見到女兒身體時有所反應，如果她沒能治癒這段過去，釋放出她的恐懼、痛苦、厭惡和憤怒等情感，她就會被這些情感糾纏。站在侵犯者的立場則是對抗這些強烈情緒爆發的防衛機制。奧莉維亞的媽媽無法不去想像同樣的事情發生在女兒身上。發生在女兒身上的強暴、侵犯畫面，很可能出現在她的腦海中。她也證實了：「我替她感到非常害怕！」我雖然沒有從奧莉維亞的母親那裡直接聽到她對於奧莉維亞的幻想，但我聽過其他曾被猥褻或強暴的母親的證言。她們提到，在替小女兒洗澡、看見女兒裸體，和其他各種時候——特別是她們可能感到無力時，這些畫面就會出現。失控是危險的，那可能會讓她們重新經歷恐怖。女兒屈服的畫面則能避免她們沉浸到自己屈服的回憶中。

在親子之間，潛意識會互相溝通，母親幻想的畫面會滲入女兒的潛意識中。奧莉維亞被幻想糾纏，那些幻想反映了她母親未曾治癒的過去。當奧莉維亞說出自己的故事還有她母親的故事後，幻想就消失了。她說，要是她沒能說出來，她不知道之後可能會發生什麼事。

衝動可能非常強烈，也難以對抗，瞭解這一點是很重要的。亂倫是嚴重的問題，而光指出亂倫是不對的並不足以消滅亂倫。它是違法的，但卻持續發生，因為只提供資訊並不夠。一位被亂倫幻想糾纏的父母需要協助，使他們不會付諸行動。亂倫的父母，也就是那些付諸行動的父母，在孩童時期也受過凌虐。這個事實已多次獲得證實。這不能替他們辯解，但卻能讓我們瞭解行為的起源和在心理狀況中作用的動力。在付諸行動時，父母就賦予了孩子也能這麼做的許可。即便孩子深受傷害，他仍消除了受傷的意識。長大成人後，彷彿為了要消除這道傷痕，他重現了它。「因為我不希望它是毀滅性的，它就不是毀滅性的。我用自己去犯下這惡劣到無以名狀的行為，證明了它不是毀滅性的。」

幻想也是與傷痕保持距離的嘗試，看見那些畫面就像是企圖消化無法承受的痛苦。「它不斷地在我的腦海中反覆出現，我把它投射到別人身上，讓自己得以遠離。」這就好像孩子會不斷地回到書裡讓他害怕的圖像一樣——七頭蛇、惡狼、怪獸等——但這並不是因為孩子特別喜歡這些圖畫，像父母有時以為的那樣，而是因為這些畫面太引起他們的注意。

幻想不代表付諸行動。但是，如果幻想不斷出現或越來越複雜，就應該要去看醫生了。事實上，沒有說出口的幻想常常會越來越豐富，發展出越來越複雜的場景，最後可能會突破道德的屏障。當屏障足夠穩固時，父母會受到牽制。他／她默默地承受這些畫面帶來的痛苦，他／她常常會讓孩子遠離自己，就像是為了要遠離誘惑。但付諸行動的危險並未消失。

現今社會對未成年人的性暴力事件暴增。二〇〇四年，巴黎的司法機關就處理了超過八百件的案例，其中將近七成的受害者未滿十五歲，這些性侵案有六成發生在家庭裡。

「國立地方社會行為觀察站」認為原因是家庭的弱化，並強調，與一些廣為流傳的想法不同，經濟不穩定只構成一個極小的危險因素。反之，社會孤立扮演了主要角色。

因此，不沉默，敢於提起自己的傷痛、自己的幻想、畫面和誘惑是很重要的。這是為了讓所有人都更敢於談論這件事，也是為了讓那些需要幫助和支持的人，能夠感覺自己可以不被批評的表達想法。需要再說明一點：有性幻想不一定代表有慾望，真正的問題比這複雜多了。幻想是一種心理影像，是由許多感覺、情緒和潛意識的想法縮合而成。**當幻想反覆出現時，請聆聽它，那是來自我們潛意識的訊息。**我們必須超越表面的影像，才能去聆聽和分析支撐著幻想複雜性的基礎。將它歸結為某種邪惡只是簡化了問題，也讓我們越來越無法解決問題。

當我們被強暴，道德的屏障也隨之瓦解。它沒能保護我們，它支離破碎，它不再能約束我們。父母被暴露在沒有防線、沒有安全屏障的狀況中，他失控了。他重演了別人對他做過的事，這種行為對孩子而言是毀滅性的。過去曾受過傷的脆弱父母需要幫助，讓他們不再因此屈服。評斷一個人、認定他邪惡，這只會加深他的屈辱，增加再犯的風險。而評斷行為本身，則是重建有約束力的屏障。

幻想是心理的畫面。它表達的未必是慾望，而是傷痕、內心承受的痛苦和被壓抑的情緒。

⑫ 無力見證者的傷痛

索蘭娜寫信給我：「這是我的經歷中最讓我痛苦的回憶：我媽在廚房打我妹妹瑪蒂爾，因為她不想喝湯。這個場景就在我的背後發生，因為我坐在餐桌旁，就跟家裡其他成員一樣。瑪蒂爾在地上，媽媽一直打她。我在媽媽的眼神中看見了相當劇烈的暴力，那讓我感到恐懼。我那時大概五到七歲左右，我無法理解起因和懲罰的猛烈度之間的關係，妹妹是因為不喝湯而被打？或是因為敢生氣而被打？」

目擊暴力場景會留下持久的印象。感覺是複雜的，各種情緒都如此強烈，以至於我們不知道誰占了上風：從父母眼中讀到瘋狂而產生的恐懼、對後果和後續的害怕、看見受害者受苦的痛苦、對自身無力感的狂怒——我無法停止這場暴力，我什麼都做不到——最後，是罪惡感：「我什麼都沒做，但我應該做點什麼的。」即便事情已經過去。這一切還伴隨著對正確與不正確、什麼能做和什麼不能做缺乏判斷依據。「既然我父母打人，這表示打人是好的……可是那很痛，也很可怕……所以那是不好的，可是他們會打人……」

這些全都造成了可能會有長期嚴重後果的癥結：學業問題、社交困難、憂鬱、焦慮……這也是導致犯罪、酗酒或吸毒的風險因素，當然也可能導致未來的暴力。

如果丈夫小時候曾經是暴力的受害者，或曾目睹他的母親被施以暴力，那麼他的妻子比較會被虐待。許多研究都證明，在以暴力來解決衝突的家庭中長大的孩子，會比其他人更具攻擊性，涉入鬥毆的機率也比別人高出三倍。他可能是受害者，也可能是攻擊者。

不是每個小時候曾經直接遭受暴力或目睹暴力場景的成年人，都會成為暴力的父母，他們有可能依然是受害者。

珊德拉經常被她的父母羞辱、毆打和賞耳光。她自己當媽媽之後，從沒動過女兒一根汗毛……但她又再次成為暴力的受害者。她被老公打了好幾次，直到上一次，終於讓她意識到問題，開始接受治療。她的女兒是這些可怕場面的目擊者。珊德拉也放任老公賞過女兒一次耳光，且沒有介入。她面對配偶的舉動不知如何是好，就像以前她面對自己的父親一樣，完全驚嚇到不知所措。之後，她安慰了女兒艾莉諾，但傷害已經造成——她成為艾莉諾眼中的背叛者。後來艾莉諾也成了母親，她對女兒很嚴苛，常常打她耳光。珊德拉絕望地看著外孫女受苦，她不知道該怎麼辦。艾莉諾不聽她的，也用女兒「不聽話」來為自己打她耳光辯解。珊德拉從未對孩子暴力相向，艾莉諾只在青少年時期被爸爸打過一次耳光，但那個耳光把家中所有的暴力聚焦在一點。她的父親打她，而母親什麼都沒說。艾莉諾打她女兒，就像自己被打那樣，以及／或者更應該說像是她看見自己的父親打母親那樣。沒錯，艾莉諾不是從母親身上繼承了暴力，有暴力傾向的是她的父親。但是，為了拒絕父親留下的影響，艾莉諾需要她的母親脫離受害者的地位。

目擊者的沉默其實默許了暴力，他是共犯。孩子目睹施加在他人身上，像是兄弟或母親身上的暴力時，可能會跟自己是受害者一樣的痛苦。他常會重現這樣的暴力，無論是作為施暴者或受害者。

當珊德拉藉著心理治療脫離了受害者的位置——無論是面對她老公，或是面對她的父母——當她終於敢聚集起自己所有的力量，表現出憤怒，揭發不公平並自我保護，她的女兒艾莉諾也得以對她提起在某些狀況中糾纏著自己的暴力。因為問題能被說出來，並經過通透的分析——也就是在情感面上穿透與整合，她不再打女兒，而外祖母、母親與外孫女間的關係也變得更順暢、更親密。

⑬ 我們與孩子之間的競爭

「沒理由你擁有我以前沒有的東西。」父母與孩子的競爭可能在每個年紀都存在。「我爸爸半夜沒有起床安撫我，我也不會為了孩子這麼做／我以前沒有新衣服，所以我的孩子也不會有／我以前沒有權利和男孩子出門，所以我女兒也不行／我十八歲就離開家自己獨立生活，我的小孩也要在同樣的年紀離開，我不會幫他……」

我聽過許多男男女女談起這種競爭。看著孩子獲得我們不曾擁有的，不見得是件容易的事。這指出了欠缺，突顯了我們原本也能夠、也應該擁有這些。有些人能夠面對這種情況，接受自己不曾擁有那樣的童年，有些人卻做不到。這通常是因為在接受和放棄的過程中，最初始的情緒是對於父母的怒意，而這種情緒被禁止了。有些人則清楚發生在自己身上的事：「我沒有媽媽，我不覺得自己有能力當媽媽，我可能會太嫉妒我女兒獲得的關愛。」另外，還有他們的態度背後的潛意識，就像這個讓女兒穿得隨便，為了避免外表上的競爭的母親——但這還不夠，她常常提醒女兒們「長得不好看」。

許多爸爸會遇到競爭是因為把妻子與母親混淆了，媽媽們會說家裡像是又多了一個孩子。馬克很明確地說他受不了老婆照顧小孩，「你都不管我。」他抱怨道。至於侯貝，他的自尊心不容許自己這麼直接地承認，但他不停地批評老婆：「你花太多時間照顧湯馬士了，他一哭你就跑過去，你可以讓他哭一下。」還是嬰兒的湯馬士沒有被餵母乳，因為他的父親不願意。他用一套抽象的言論來替自己辯解，但真正的問題是老婆的乳房應該是他獨享的財產。想到其他人會占有它們，即使那個人是自己的兒子，就令他無法忍受。

有些父母不給孩子超越自己的權利。有些母親難以忍受女兒比自己有女人味，她貶低女兒，強迫女兒穿不適合的衣服，讓她不會比自己美麗。有些父親則不准孩子超越自己的學業水準或賺得比自己多。當然，這些都沒有公開明言，但孩子都清楚地聽到了訊息，並自暴自棄。抨擊這些父母只會讓問題加劇，他們之所以有這樣的舉動，是因為並未意識到。

競爭有時候是完全無意識的。有些父母覺得孩子就像暴君，他們受不了孩子的要求、需求和依賴，確實，這些都使父母必須暫時放下自己的欲望，甚至自己的需求。

「我不想要犧牲自己，我也有自己的需求。我需要出門、上餐廳、去看電影……」這些不是需求，而是欲望。這些不是生存必須的，因此不能把它們與孩子需要進食、需要被溫柔對待相提並論。事實上，在父母表達出這些他們認為「絕對必要」的需求背後，隱藏著害怕。害怕親密，害怕見到自己兒時的情緒再次浮現。

累壞了的母親可能會有被孩子禁錮、剝削的感覺。最常見的狀況是，她沒有太多選擇，她留在孩子身邊，埋怨孩子，認為孩子是她牢房的柵欄。

對父親來說，要從父母責任中獲得一點自由比較容易：「我整個禮拜都在工作，星期天我需要放鬆。」有時候，他們也這麼相信著。不過，母親與孩子也相信這些話，甚至會保護丈夫／父親的「自由」空間。亞蘭每週日都沒有一絲罪惡感地帶著風浪板出門；派翠克睡到中午，然後下午都在打網球……這不是自由，而是逃避。他們優先重視自己的需求，犧牲了孩子的需求。在這樣的競爭中，孩子只能屈服。就算如此，這些父親也並不快樂，阻礙他們與孩子建立健康關係的童年苦痛依然存在，他們對親密的害怕也絲毫未減。

⑭ 無意識的報復

我們對孩子的暴力行為還有另一個面向：對自己童年時期的報復。當然，這仍是一種全然無意識的機制。但它比起我們有時與孩子對立的競爭，所表現出來的方式卻很不一樣。

如果在幼時受過傷，而且必須壓抑自己的情緒，我們不僅會留下這些與沮喪、侮辱、不公平待遇直接相關的情感痕跡，也會因為無法表達而心生不滿。

壓抑的必要性日復一日地滋養著這份怨懟，使它漸漸地成為真正的憤怒。這股憤怒、這股甚至有時是針對父母的恨意被藏在心中，準備爆發。它是如此強烈，以至於在心理治療中，常會有人說：「如果我開始感覺到對父母的憤怒，我怕他們會因此而死。」或是：「我永遠不可能跟他們談，這會殺了他們。」這些擔憂，甚至幻想，與被壓抑的怒意強度相當：這是一股我們擔心會具有毀滅性的憤怒。

當然，現實中，這些在心理醫師診間發洩出來的情緒沒有毀滅任何事情，而當事人也只放下了影響與自我關係的重擔。但不幸的是，如果沒有機會在受到保護的環境下發洩這些恨意，我們可能會讓它發洩在別人身上。他們沒有對我們做過什麼，只是太過依賴別人而無法自我防衛，而且比起我們的父母，他們不那麼令人害怕。這些人就是……我們的孩子！

⑮這一切，都是對家庭的忠誠

派翠西雅來見我，因為她無法對孩子溫柔。她想要對他們說出她所有的愛，愛撫他們……但卻彷彿被什麼阻止了：「我無法掌控，我變得很嚴厲，一點點小事就讓我發怒，然後就罵了他們。我因此非常厭惡自己，但卻無法不這麼做。每天，當我回到家，想像著自己告訴他們我有多愛他們，我做好準備，然後打開門……結果，我無法對那些不對的事視若無睹，像是丟在地上的書包、還沒寫的作業、馬桶蓋上的尿漬……我大吼大叫，然後埋怨自己，似乎已經無法與他們親近了。」

我們談了她的童年。她在一個「憤怒家庭」中成長，全家人無時無刻不在生氣、大聲講話和相互辱罵。這是家中建立起來的相處模式，只要家中某個成員表現出溫柔，其他人就會嘲笑他。

描述了過去的情景後，派翠西雅瞭解為什麼表現出一絲溫柔或任何一種情感，對她來說如此困難，她自己的經歷就擺在眼前，一直以來，她都接受這樣的家庭。她當然曾為缺少溫柔和親密關係而惋惜，但從不曾真正質疑過這種運作模式，她從未意識到她還是小女孩時所受的痛苦。

因為在我的診間裡接觸到了自己壓抑了超過三十年的情緒，她被痛苦淹沒。

噢，憤怒，她感受過，她只感受過憤怒，她學會以憤怒來代替其他各種情緒。在她的家裡，愛是不能表達的，是被禁止、被嘲笑的，只有憤怒有權被表達出來。表現憤怒就等於表現出她隸屬於這個家族。展現溫柔則是他者、沒用的人、外面的人、矯揉做作的人、太溫柔的人、大家嘲笑的人。

派翠西雅不僅沒有學到如何說出溫柔的話語，甚至不被允許這麼做，否則她就會被家人排斥。她屬於一個憤怒的家庭，她因為忠於這樣的家族語言而複製了這種模式。

潛意識的忠誠可能促使我們做出各種行為，但它們通常是有破壞性的。事實上，我們對於掩蓋傷痛的態度更為忠誠，而需要被治癒的正是這些傷痛。一個孩子很可能為了要忠於家庭傳統，而讓自己學業失敗，並在之後累積了事業或情感上的失敗，而且像爸爸一樣離婚……

PART 3

不同年齡的孩子

在家中，每一刻都有事在發生變化。隨著年齡的改變，孩子會有不同的需求。而依照個人經驗的不同，我們的內心總能或多或少回應他們的要求。

有些人生階段，像是出生、兩歲或青少年時期，特別容易遭遇到創傷或是讓我們過去的經驗重現。在本章中，我們將迅速瀏覽從胎兒時期直到孩子離家間的各個階段。討論孩子的需求時，只會從我們回應孩子需求時所遭遇的困難切入。

你不會在這裡找到神奇的教育方法，而會找到問題，以及能讓你更妥善面對身上發生之事的辦法。

無論孩子在哪個年齡，與其他父母討論都是有幫助的。請注意，討論的目的不是要讓孩子與別人競爭，或是確定我們的孩子比較好或比較差，而是要確認令人難以忍受的寶貝並不是特例。許多因為父母不瞭解或感到無助而難以忍受的行為，其實就只是與孩子的年齡有關。雖然每個孩子不會有相同的反應，雖然每個孩子都有自己的節奏、經歷和需求，但父母可以記得，每個青少年都起得晚，而且對一切都不感興趣。請記得不只有你跟一個會把髒碗留在客廳的十三歲女兒同住。請記得許多二十個月大的寶寶都跟你的寶寶一樣，會突然大發脾氣。跟其他父母討論，還能讓我們瞭解到我們的教育態度不是唯一的可能性，也能幫助我們反思。

①已經充滿存在感的胎兒

胎兒是一個人。科學和科學技術向我們披露了胎兒的內心世界，我們驚訝地發現，胎兒遠遠不只是一堆發育中的細胞，反而展現了令人意想不到的能力。他有自己的生命，在媽媽的肚子裡，他會吸大拇指，摸自己的鼻子，玩弄自己的陰莖，用手、手臂、腿和腳來探索。他看得見，聽得見——還有，他能建立關係！

直到現在，懷孕都在某種關係的沉默中展開。如果許多母親都曾經也繼續自然而然地把手放在肚子上，由法蘭茲．韋德曼（Franz Veldman）開發的觸摸科學（觸摸學）則是一項啟示。我們被成見和自己的想法禁錮，因而忘了帶有感情的觸摸，也就是那種會延續到他人身上，並能建立真正關係的觸摸。韋德曼重新教會我們有感情地觸摸，也就是用心去觸摸，而不只是用手去觸摸。父母把自己的手放在肚子上，並開始與孩子建立關係，孩子馬上就會有回應。這時，父母的情緒會有多麼激動啊。沒錯，寶寶能聽見他們，感覺到他們。他在動，在轉身，從這一邊轉到另一邊；他追隨著父母的邀請。噢，他開始在玩遊戲！是他在邀請父母！他也能夠表達自己不想再「說話」了。他已經能表達自己想要被搖晃，或是想要靜靜待著。他已經能說出自己喜歡什麼，不喜歡什麼。在懷孕四個月後，他已經以「人」的樣子存在於母親肚裡。這個經驗令人震撼，特別是對可能難以感覺到寶寶真的存在的爸爸來說。

「我覺得他在聽。」許多母親都有這樣的直覺，而科學則為我們帶來了證據。母親跟胎兒說話時，後者的心跳節奏會改變，與母親和他人說話時不同。因此，胎兒能感受到我們在跟他說話。法蘭索瓦絲．朵爾托（Françoise Dolto）是第一位證明跟腹中胎兒說話非常有用的心理學家，不僅是跟他談論幸福和小花，跟他談論受傷和痛苦、哀悼和恐懼、憤怒和失望亦然。

各種事件都可能擾亂懷孕期間的安寧。父母其中一方可能會遭遇喪事、失業、分居、意外、偷竊、創傷……儘管胎兒會透過臍帶接收到化學訊息，為了讓他能重新建立安全感，跟他談談這些事件是有幫助的。你當初不想要這個孩子？這是一場意外？你害怕？你擔心自己沒有準備好？也請告訴他你的沮喪、憤怒和恐懼。隱藏它們是沒有用的，寶寶就在你的肚子裡。雖然胎盤會過濾，**但是在你傳送給孩子的血液中，有由你的情緒釋放出來的荷爾蒙，他能感覺到！**

用語言來表達自己的情感可能顯得徒勞，因為胎兒的大腦還沒有能力去解讀。但是寶寶能聽到你的意圖、你的緊張和隨之而來的放鬆。從孩子感覺到你不害怕地接受了自己的情緒，感覺到那些情緒沒有讓你動搖，感覺到你知道它們呼應了什麼，而且能夠說出來的那一刻起，他也不再害怕了。他不再需要去發展出一些症狀來讓我們聽見他的痛苦。他可能會更加穩定、平靜和好相處。

然後，你不只在和自己的寶寶說話：在告訴他你擔心的事情時，你也在跟自己說話。因為壓抑將引來自我封閉，也限制了愛的自由流動。把自己的情緒說出來，你就讓它們無法使你在情感上疏遠寶寶。

「我的寶貝，我很傷心，因為我爸爸去世了。我會傷心完全不是你的錯，感覺到你在我的肚子裡讓我很幸福。但我很沮喪，因為我的爸爸永遠不可能見到你了，我會哭是因為我很想把他介紹給你。」

讓人動搖的不是情緒，而是情緒的壓抑和情緒混亂的爆發。通常，我們並不確切地知道為什麼自己感到痛苦。我們以為自己知道，並拒絕更進一步地分析自己的感受。也許，我們害怕發現自己實際上是因為其他事情而痛苦。

跟胎兒、嬰兒，或是大一點的孩子說話當然都無法取代找心理治療師看診，這也不是要你把自己的苦水都倒在這個年輕生命上。跟他說話只是為了分享，告訴他發生了什麼，讓他的大腦不會那麼困惑，能把事情一一弄清楚。談話可以讓我們說出自己的矛盾心態。我們愛他，但他讓我們激動，讓我們混亂。我們為他的存在而高興，但有時候，我們寧願他不存在……有時候……如果我們不敢談論，我們就會忘記這個「有時候」。否則它膨脹，占據更多空間，也常會變成「永遠」。如果我們不去談論矛盾心態，痛苦常常會占據全部的空間。

「他在消耗我，吞噬我，我的肚子裡有一個會吞食我的怪物。」一位母親可能會覺得自己正被肚子裡成長的孩子吃掉。這甚至可能會變成可怕的幻想：他在吞食我！當然，胎兒不會吞食母親，雖然他必須透過母親取得養分，而且在營養不足的情況下，身體會以他優先。但是，一位自我認同感不太堅定、內在安全感不穩固、自己在媽媽肚子裡時不被歡迎，或是在生活中難以堅定表達自己意見和表現自己潛力的母親，可能會把具攻擊性的幻想投射於這個在她體內成長的生命上。她覺得胎兒是個異物，這有一部分是真的，因為胎兒不能被同化為母親的身體，他有自己的基因密碼……因此，他是一個自己成長的異物，就像腫瘤一樣。因為，有些母親確實覺得胎兒是腫瘤，是不受歡迎的發展。就算媽媽當初是想要孩子的也一樣。有些母親真的很難面對懷孕的事實，一方面，她們為有了小孩而高興。另一方面，在體內發生，但她們卻無法控制的成長令她們恐懼。這可能有許多原因。這種幻想在三十多年前比較普遍，因為那個時候，孩子的出生常常代表著母親要關在家裡，失去自由，有時甚至代表著要和情人的地位道別，變成母親……這種幻想還存在於被侮辱、被貶低和無法自我實現的女性身上。因為無法表達出自己的潛力，她的侵略性——這裡是勇往直前的正面意義——被壓抑了。她不會把侵略性轉向自己，而是轉移到胎兒上。這個無意識的過程大致上遵循了以下的路徑：「我不想看見自己的憤怒，我沒有生氣，生氣的是我的小孩，他才是怪物，我不是怪物，而且這個怪物正在吞噬我。」

要在這種狀況下愛一個寶寶並不容易。如果準媽媽能意識到自己的矛盾情感和自己的幻想，並重新吸收自己投射出去的情感，她將能好好地迎接自己的孩子。否則，在寶寶出生後，她常會不知不覺地繼續認為寶寶的要求太多、太誇張，認為寶寶在消耗自己，讓她無法過想要的生活，很可能會不知不覺地繼續疏遠孩子。她會堅持約束孩子、為孩子設限和控制孩子的必要性，而鮮少會認為聆聽孩子、讓孩子能夠表達自己或愛撫孩子是必要的。

②分娩，一次極端的經驗

女性在提起自己難以去愛孩子時，通常會提到自己分娩的經驗。孩子的出生是一次美妙的經驗，是父母與孩子的第一次接觸。通常，這是無比幸福的一刻，但有時也會被其他情感破壞。這是孩子的出生，這也是分娩，有著分娩帶來的各種創傷：疼痛、剖腹、產鉗……把孩子生出來未必跟父母想像的一樣簡單。

在感到幸福的同時，母親可能會體驗到在這種敏感時刻，她其實並不需要的各種情緒。難以言喻的痛苦和沮喪感，甚至是恐懼和憤怒的情緒常常會向她襲來，讓她感到驚訝與慌亂。的確，在這如此特別的一刻，她自己出生時的潛意識記憶似乎被活化了，尤其如果那是一次艱難的生產的話。另外，如果她曾被強暴，即使那發生在很久以前，陰道的血流和刺激可能會喚醒被強暴的記憶。畫面可能依然是無意識的，但陰道會收縮，讓生產過程變得困難。產婦應該要能吼叫和哭泣，她應該要能說出一切並不都是美好的，說出她感到害怕、痛苦，說出她在生氣。在她發洩這些湧向她的情緒時，應該要獲得陪伴支持。否則，她可能會被這些無法控制的情感占據，因而不能全心全意地迎接自己的寶寶。

瑪麗經歷了一次相當艱難、痛苦和令人焦慮的分娩。她的先生不在場，助產士很嚴厲，幾乎是在羞辱她了。瑪麗什麼都不敢說。他們把小女兒抱來給她看時，她當然感到開心，但……她無法自然而然地把女兒抱在懷裡。這個孩子給了她一種陌生感、一種距離感。這道距離，其實就是她和自己的距離。瑪麗必須克制自己一湧而來的情緒，不能崩潰，不去感覺，不能哭……她的所有精力幾乎都用在壓抑情緒上，能讓愛的情緒好好發展的空間非常少。她未能也不敢在寶寶面前放聲哭泣，她親吻、愛撫自己的女兒，但心並未打開。她假裝了好幾年。當然，她對這個孩子產生了關愛，絕對不希望有什麼事情發生在女兒身上，但她感受不到胸口中那種令人微微作痛，在說著「我愛你」的感覺。瑪麗幾乎不敢對自己承認這件事，但她發現對待女兒時，比自己所希望的更嚴厲。她什麼都沒傳遞給女兒，她無法找到彼此的連結，也困惑地為此埋怨女兒。

這是瑪麗的錯嗎？我們應該把她當作「壞媽媽」，以此指責她嗎？她是否只是少了母性？不是這樣的，是因為壓抑自己的情緒使她無法去愛孩子。當我們被其他的情感禁錮，感到憤怒、沮喪或恐懼，又怎麼能夠體驗愛？當我們覺得自己被伴侶、醫生或護士批評，又怎麼能夠讓愛增長？

多明尼可生下了一個漂亮的小女兒，孩子的爸爸氣壞了，他期待的是男孩。離開醫院前，他在暴怒中批評了自己的妻子，被羞辱的多明尼可甚至無法對自己的丈夫生氣。她如此虛弱，那麼需要他，她對自己生下一個女兒感到自責，以致難以去愛這個讓老公疏遠她的嬰兒。更何況，這段經歷喚起了她自己的過去。她之所以有一個中性的名字並不全然是巧合，她也因為自己是女兒而令父母失望。她撫摸、親吻、餵養自己的女兒，為了當個好媽媽，她盡心盡力，但在心中有什麼損壞了，使她無法體驗到愛的情緒。

如果分娩未如母親所預期的進行時，母親可能也會不自覺地與孩子對立：「你剝奪了我自然產的幸福、你讓我疼痛、你讓我的丈夫疏遠我、你傷害了我……」當然，這些都不是真的，媽媽很清楚這不是寶寶的錯，甚至不是寶寶的責任。所以，她什麼都沒說，並壓抑了自己不好的想法。但是，一段小小的距離默默地出現在她和孩子之間。憤怒是一股衝動，讓這股衝動自由地表現出來，可以讓它走到盡頭。但如果它被打斷，我們就會繼續處在壓力中，長年帶著這股憤怒，並給了它讓我們與愛遠離的力量。

的確，順利、迅速、輕鬆的分娩並不是愛的保證，但更容易產生本能的依附過程。相反地，雖然艱難的分娩過程讓事情變得更麻煩，但這也不會妨礙母親去愛孩子。分娩過程相當艱難時，母親需要別人的陪伴和支持。她需要空間，需要有安全感來感覺自己的情緒，她需要能不被批評地哭泣和咆哮，需要肢體的接觸來恢復。宣洩情緒壓力只需要幾分鐘時間，如果沒給出這幾分鐘的時間，人體就會持續緊繃，大腦會當機……而經年累月下來，與自身的關係及與孩子的關係都會改變。所以，別再害怕落淚了！

爸爸呢？他們也經歷著一場不得了的旅程，分娩的過程也會影響他們與新生兒的依附關係。除了他們個人參與的意願外，妻子的態度和一些事件也扮演重要的角色。有些人被妻子排除在外：「育嬰是我的工作、我生產時不想要你出現、你別想換尿布……」就連他們想抱抱寶寶也不行，這就是菲利浦的狀況。在妻子生產時和產後的幾星期，他的太太露西勒跟岳母一起照顧嬰兒，他被排除在這個女性的世界外。他告訴自己這是正常的，他會等兒子大一點後再來照顧他。

法蘭索瓦則矛盾地承認自己是幸運的，因為他的妻子做了剖腹產，而後感染了敗血症。要是孩子的媽媽有能力照顧寶寶，他就會交給媽媽去做，永遠不可能這麼涉入其中。因此，是情勢讓法蘭索瓦必須取代妻子的位置，她甚至沒辦法從床上起身，去嬰兒床抱起他們的寶寶。從女兒一出生，法蘭索瓦就與女兒建立了特殊的連結。當初若不是他不得不去這樣照顧她，他與女兒就不會有這樣的關係。

只要能先真誠地與自己交流，然後與寶寶交流，我們隨時都能減少自己與孩子的距離，重新建立親密性。

③ 建立依附關係的最初時刻

依附關係先是生理，而後才是心理的。從孩子出生的第二天開始，母親就能認出孩子身體的味道，這就是依附關係正在建立的表現。實驗證明[20]，寶寶出生後，如果媽媽能與放在自己肚子上的嬰兒接觸三十分鐘，她認出寶寶哭聲和味道的能力會顯著增加。如果寶寶只在媽媽肚子上待了五分鐘——很可惜，這是最常見的狀況——媽媽的能力要到第三天才會達到正常程度。如果寶寶根本沒有被放在媽媽的肚子上，那也不是全盤皆輸，只不過媽媽需要五天的時間才能追上其他新手媽媽辨識孩子的能力。許多媽媽會深深吸進寶寶的味道，也會聞一聞大一點的孩子的頭頂。

如果沒有肢體接觸，依附關係較難建立。**依附關係的程度薄弱與虐待兒童的風險有關，因此硬使母親與寶寶分開是很可惜的**。然而，在太多的產科醫院裡，媽媽都必須要經過一番努力才能把寶寶留在自己身邊，尤其是在產後的第一晚。工作人

20 塞吉・希寇提（Serge Ciccotti），《更加了解寶寶的一百個心理學小實驗》（*100 petites expériences de psychologie pour mieux comprendre votre bébé*）。

員堅持：「這是要讓你能夠休息。」但我覺得，一整夜都在擔心自己剛出生寶寶的狀況並不能讓人好好休息。除非她們已經失去自我，切斷了情緒，否則，很少有女性能夠一邊想著自己剛出生、沒有感官依據的寶寶，一邊在這漫長的一夜好好休息。這漫漫長夜，也是寶寶的第一夜。讓媽媽再多過幾個小時還不是媽媽時的生活，或許會讓她比較舒服——但這未必是在幫助她，其實協助媽媽建立與孩子的關係才是比較恰當的。

科學家發現：在孩子出生後的第四天到第七天，四分之三的女性辨識寶寶味道的能力降低了。這也是「輕度產後憂鬱情緒」的開始。[21]兩者之間有關聯嗎？母親無法再認出寶寶的味道和哭聲，她們很焦慮，擔心不知道該怎麼做，有了自己無法做到的感覺……然而，她們就在這個時候出院，獨自在家裡面對這個看起來陌生的小嬰兒。大家都告訴她們：「別擔心，一切都會順利的。沒問題的，你辦得到。」從沒有人告訴過她們，在這段時期，感覺會改變是正常的。如果女性內心整體的安全感充足，得到妥善的照顧，她能夠安然無恙地度過這段時期。如果缺乏安全感和自信，甚至還缺乏支持，而且背後有一段痛苦的經歷，她可能會貶低自己。她發現了自己的無能，因而會批評自己，產生罪惡感，甚至可能會怨恨剛出生的寶寶讓她得經歷這些。把自己的痛苦歸咎給別人是常見的現象，我們已經討論過了，這是投射。不是我難以瞭解自己的孩子，而是他難以相處。有些女性會把所有的責任都歸咎到寶寶身上，並替孩子建立負面的形象。她們必須不計代價地維持這個形象，以免罪惡感再次浮現。其他女性會在罪惡感、自我貶低和歸罪他人之間擺盪。我們必須理解，一方面，這是無意識的機制（女性顯然不是有意地把一切都歸咎給孩子），另一方面，她們因為無法愛孩子而痛苦。無意識的動力把她們困在一個惡性循環當中，她們找不到突破的方法。

讓年輕的媽媽也能談論她們愛孩子的困難、她們的擔心和焦慮是當務之急。我們常常試著要讓她們對自己的能力感到安心：「別這麼擔心，你是個好媽媽。」但這不僅不會讓她們鬆一口氣，反而會讓她們閉口不談，把問題藏在心裡，也因此讓焦慮開始與自己作對。安慰只是加深了她們的不安全感和罪惡感，尊重地聆聽她們的情緒，則能幫助她們找回與自己的接觸，繼而找回與孩子的接觸。

21 研究人員估計，約有五到八成的新手媽媽感受到輕度產後憂鬱情緒的症狀。平均而言，這種憂鬱狀態只會持續兩到三天，而後會自然消失。主要的症狀有睡眠困擾（失眠）、飲食困擾（厭食）、突然大哭、心情改變、易怒、記憶減退、難以專心、無力感和罪惡感、疲累。比輕度產後憂鬱情緒更嚴重的產後憂鬱症則影響了六分之一的女性。

④ 那些讓母乳停止分泌的話語

貝亞蒂絲想親餵寶寶母乳，先生卻重重打擊了她：「你連好好抱著寶寶都不會，你根本沒辦法照顧他！」那一刻，因生產而相當脆弱的貝亞蒂絲讓丈夫的話語滲入腦海裡，喪失了所有對自己母性能力的自信。她沒有泌乳，這剛好證實了丈夫的話。如果知道泌乳會深受媽媽情緒狀態的影響，我們就能瞭解這句惡意的話帶來了多大的衝擊。「我連好好抱著寶寶都不會」、「我不知道怎麼照顧他」從此介入了媽媽與寶寶之間。

她的寶寶會感覺到什麼？巨大的不安全感，他應該會覺得媽媽「冷淡」。但是，這不是媽媽的經歷。她其實想要更親近自己的寶寶，可是她的傷痛迫使她劃出距離。很可惜的是，沒有人在她身旁坐下來告訴她：「好好哭一場，放輕鬆……然後把你的寶寶放到胸前，溫柔地跟他說話，你會分泌乳汁的。」沒有人替她做過按摩，就連只是用手幫她放鬆，讓乳汁可以分泌都沒有。

賽西爾敘述：「生產的那天，在我和母親面對她嚎啕大哭、令人慌亂的第一個外孫時，母親對我說：『你會跟我一樣，不會有母乳的。』這是我出生時人們反覆告訴她的話，他們還把她的乳房束緊，抑制脹奶。一九六〇年代時，科學支持的潮流是用奶瓶餵奶。缺乏認知造成了損害性的後果，我母親其實是想要餵母奶的。」

所幸，賽西爾後來遇到了「國際母乳協會」，一個能夠在她哺乳期間聆聽她的心聲、提供她資訊和支持的女性協會。所以我們不應該輕忽話語的分量，話語本來就有可能像詛咒一樣造成巨大的影響；再說，我們怎麼敢質疑自己母親的話呢？

當一個媽媽害怕自己達不到標準，當她過得不好，當她被羞辱、變得憂鬱、內心無法向寶寶敞開時，寶寶會感受得到。無論這是因為與個人生活有關的壓力，或是因為讓她擔心的外在事件（社會動盪、戰爭等），嬰兒都能感受到：媽媽沒有陪著自己。他沒有讓自己好好沉靜下來的空間，沒有可以建立內心安全感的空間；就好像媽媽的心門已經關上了。因為哭聲是天性賦予他，讓他能修復與母親關係的工具，於是他哭了。他黏著媽媽，依賴她，一直需要安撫，然而已經精疲力竭的媽媽還得再給他更多。每次寶寶一哭，就再次激起了母親的無力感。她越來越覺得自己沒用、無能，是個壞母親。但她需要的，其實就只是能夠表達出自己對那些傷害她的言語的憤怒，能有權利反抗那些針對她的詛咒和其他的貶低。

話語也會傷害做爸爸的人，妻子的簡單批評或貶低，造成的影響比她們願意承認的要大得多。

「小心一點，你真不會抱小孩！」

「你從來沒辦法正確地泡牛奶。」

「不對，不是這樣……」

當「她」對於「他」做的事和「他」怎麼做這件事總有話要說時，男人會感覺自己做不到。他選擇讓位給「專業人士」，犧牲了自己與孩子的關係。他的妻子還會責怪他逃避，卻不願意認清自己在這件事中的責任。

5 嬰兒的哭聲

「不要哭！」

哪個父母沒說過這句話？但是，為什麼寶寶沒有哭的權利呢？小嬰兒的哭泣會撼動我們的心靈最深處，他們令我們如此動搖，所以我們想盡辦法讓他們停止哭泣。無論把哭聲解讀為任性，或是表達了無法忍受的不舒服，效果都是一樣的：他們的哭聲讓我們受不了。

一項法義合作的科學研究證實了，「愛」有類似鴉片類製劑的作用。鴉片類製劑可以舒緩疼痛，缺乏鴉片受體基因的幼鼠在與母親建立聯繫上會有很大的困難。研究人員尤其觀察到，在分離時，牠們哭泣的狀況會大幅減少。這些求助的哭泣對於母子間依附關係的形成相當重要。

哭泣對生存是很重要的。位在羅馬的義大利國家研究委員會（CNR）神經科學研究院研究員法蘭契絲卡．達瑪托（Francesca d'Amato）說明，哭泣具有依附態度的性質，能維持母親和孩子的親近。她也在研究中證明，調節身體疼痛的化學成分可控制欠缺和分離所引起的心理痛苦。

當寶寶喝了奶，身體乾乾淨淨，不熱也不冷，卻在搖籃裡哭了起來，某些父母會把他的哭聲視為控制和操控的企圖。「他想要有人抱他！」他們說得好像這並不恰當一樣。寶寶當然想要有人抱他，這是生理的，是生物性地刻劃在基因中的：若遇到分離的狀況，為了讓自己不被遺棄，他會以哭泣來呼喚媽媽。他哭泣是為了存活下來。

一項針對出生後四十五分鐘進行的實驗[22]，分別依據整段時間內都將寶寶放在媽媽肚子上、先放在搖籃然後放在媽媽肚子上，和四十五分鐘都放在搖籃中，用這三種方式來測量孩子哭泣的次數。結果很清楚：放在媽媽肚子上的嬰兒不會哭。當孩子先被放在搖籃裡，而後放在媽媽肚子上，他們在搖籃中時哭個不停，而一與母親的肌膚接觸就停止哭泣了。最後一種狀況中，在四十五分鐘內，他們有三十分鐘的時間都在哭！

在許多地方，人們不會放任孩子哭泣。那裡的女性常常對歐洲人對待小孩的方式感到震驚，她們的寶寶一直由人背著，無論是後揹或前揹，寶寶會由自己的媽媽或阿姨、哥哥、姊姊揹者。

「要讓他哭一下，不要馬上回應他。」有些人這麼說。實際情況究竟如何？科學又是怎麼說的？研究結果非常清楚：如果媽媽在嬰兒開始哭之後的九十秒內回應，他會在五秒鐘內平靜下來。如果超過三分鐘才回應，嬰兒需要五十秒的時間才能平靜。我們回應的時間慢一倍，寶寶哭泣的時間會延長十倍。

媽媽回應得越慢，就越難幫助小嬰兒重新整理情緒。但對媽媽而言，寶寶的哭聲相當難以承受。其實，該是我們改變想法的時候了：媽媽要盡快回應寶寶才對。

不過，回應寶寶的哭泣固然重要，卻有另一種不應該平息，而應該去聆聽的哭聲：那是減輕痛苦的哭聲。就跟大人會以哭泣來排解痛苦，而且在哭過之後會感覺比較舒服和輕鬆一樣，小寶寶有時也會用哭泣來擺脫身上某種緊繃的情緒，他也會用哭來減輕壓力。

寶寶為困難的出生過程而哭泣時，父母聽得出來嗎？當他因為被留在保姆家而哭的時候呢？當他因為父母吵架而哭呢？他替在妊娠期間消失的雙胞胎哭泣的時候呢？

聆聽哭泣並不容易，父母會感覺無助和無力。他唯一且巨大的權力，就是留在那裡，保持平靜、堅定和慈愛，並給予寶寶釋放恐懼和憤怒的空間。

「哭吧，我的寶寶。哭吧，我在這裡。告訴我那有多麼困難，你可以向我傾吐你的恐懼和憤怒。寶寶，哭吧！」

如果我們小時候的哭聲不曾被聽見，要有這份平靜並不容易。寶寶的哭喊喚醒了我們自己哭喊的回憶，還有與之相連的絕望。於是，我們把自己的傷痛投射在孩子身上，把孩子的吼叫解讀為一種完全絕望的表現（那是我們自己的絕望）。那末

22 瑪麗－克萊兒．布思內（Marie-Claire Busnel）和艾恬．艾爾必內（Étienne Herbinet）著，《感官的初始》（*L'aube de sens*）。

必是寶寶的經歷，但有時候，因為如此令人難以忍受，以至於我們必須盡快制止他的喊叫與眼淚。我們以為平息了他的痛苦，但事實上，正是在妨礙他緩解痛苦。我們拒絕聆聽的是我們自己的痛苦。

寶寶無法抑制的哭聲是最容易引發暴力的導火線。「你到底能不能安靜下來？」父母最後會搖晃孩子、打孩子……他們不是「壞父母」，不是因為不高興而虐待，而是受到一股無法抑制的衝動所驅使，想要讓寶寶的吼叫和自己內心的吶喊停止下來。一旦做出暴力舉動，罪惡感就出現了，而如果父母不敢把自己的痛苦哭喊出來，親子關係可能會長年受到損害。

接受寶寶的情緒發洩並不容易，所有父母都需要支持才能做到。還有，當太過痛苦時，父母也需要回溯自己的過去。

⑥ 睡得像個寶寶一樣

小兒科門診中，有八成病例與零到三歲兒童的睡眠問題有關。然而，許多小兒科醫師仍繼續宣稱正常的寶寶從三個月大開始就能睡上一整晚，這應該有哪裡出了錯吧……

有了第一個孩子後，我很快就瞭解這個信念從何而來。我諮詢的那些小兒科醫師的責備態度令我驚訝，所以我向其他媽媽提起了這個問題。從孩子四個月大起，醫生的各種暗示就開始了。一段時間後，走出診間變得讓人厭煩，甚至難以承受，還會覺得自己是不合格、無能的母親，不懂得與孩子相處或不知道哪裡出了問題。於是，擔心會因為承認自己在床上抱著孩子，或是孩子依然在夜裡醒來兩三次而遭到指責，她們不再說什麼了：「醫生，他睡得跟天使一樣。」不過，有一次我遵從了某個所謂兒童心理醫師的不良建議，讓女兒哭了四十分鐘，沒有餵她喝晚上的奶，我到現在還為此埋怨自己。然後，面對醫生，我像其他媽媽一樣，什麼都不再說了。

不過，這些「專家」仍舊成功地把懷疑注入了我的想法中，我因此為了兒童心理醫師提出的「睡眠問題」去見了一位心理分析師。這一次，我很幸運地遇見了艾提・布津（Etty Buzyn）[23]，唯有她注意到我女兒已經很會說話，而且在面對我時顯得相當自主。她從孩子的整體狀況和孩子現在的真實狀況來觀察，而不是依照三十年前的書籍。「睡眠問題？放一張床在你的床旁邊。」她如此告訴我。我已經這麼做了，但我終於能夠完全自由地談論這件事了。

在小兒科醫師出身的作家中，只有貝里・布拉澤頓（T. Berry Brazelton）敢告訴父母們，他們只能等到小孩三歲以後才能好好睡覺。雖然，神經教育學家珍奈特・布東（Jeannette Bouton）認為這是孩子難以入睡和做惡夢的時期……

嬰兒每兩小時就會經歷一次淺眠階段，這是生理性的，他們會在這個階段中探索周邊環境。如果熟悉的味道不見了，如果找不到助眠玩偶，如果小熊掉下去了，如果在自己的床上因為移動而不再感受到令人安心的界限，他們就會醒來，並開始哭泣。這時候只需要常常愛撫他們的頭，把手輕輕地放在他們的背上，把最喜歡的玩具放到他們的手上，或是重新蓋上掉下去的被子，讓他們能夠重建「親密—舒適」的必要界限。這些都要安靜無聲地進行，也不必開燈。

睡眠問題好像只存在西方世界中。事實上，在其他許多地方，母親跟孩子一起睡，並且親餵母乳。當孩子移動時，她們會在睡夢中把手放在孩子身上。孩子會感到安心，繼續睡覺。

跟孩子一起睡真的很讓人安心，至少也能讓人休息。而且，天性使然，從懷孕開始，母親的生理時鐘就與寶寶的生理時鐘同步，她的睡眠越來越接近孩子的睡眠。最終，當孩子出生時，她的睡眠週期會與寶寶的同步，大腦會在八小時的睡眠中產生四小時的快速動眼運動。[24] 在哺乳期間，母親會持續地大量做夢。如果媽媽不是親餵母乳，她的睡眠會在分娩後的三週回到慣常的節奏，因為泌乳激素降低，她不再有依照寶寶節奏在夜裡醒來的生理機制。好處是，爸爸也可以起來幫忙。缺點是，兩人不久後都會累壞，因為爸爸當然也不受泌乳激素的影響。而累壞了的父母比較容易對事情起反應，比較不關心孩子的需求……身體的疲憊自然會導致冷漠。這不是因為父母不想愛自己的孩子，他們對孩子冷漠是為了保護自己。小寶寶的睡眠困難可能會讓父母在情感上開始變得冷漠——冷漠，然後是憤怒——如果父母沒有得到支持，就存在著虐待的風險。如果寶寶睡得很少或睡得不好，多多撫摸、愛撫他們、替他們按摩和多跟他們玩都是有幫助的，愛的情緒能重建連結。

23 她是法蘭索瓦絲．朵爾托的好友，出版過《爸爸、媽媽，給我時間做夢》（*Papa, maman, laissez-moi le temps de rêver*）。
24 快速動眼運動，是眼球快速的運動，是睡眠期間做夢時的特性。

⑦ 一歲的孩子

一歲是學走路和說話的階段。對一些人來說，這是純粹的幸福時刻，對另一些人來說則是擔憂。當孩子開始走路，他就會自己移動。當然，在此之前，他會爬，也已經有一定程度的自主性，但他從來不會去得太遠，尤其不會到外面去，行走為他開啟了全新的空間。對父母來說又是如何呢？有些父母為孩子有了自主性而鬆了一口氣，有些則感到恐慌：「他會跌倒。」他們設了柵欄，讓空間變得安全；還有一些完全接受不了，無意識地要他們的小孩永遠不要長大。

一個胖胖的一歲半小女孩在小公園裡放聲大哭，她想要人抱，但媽媽拒絕了。媽媽抱怨道：「她都一歲半了還一直不會走路，真是個懶鬼，她只想要人抱。不過我不會讓步，就連保姆負責照顧她的時候，也絕對不能抱她。不能讓孩子習慣被抱著，從她還是嬰兒的時候，我就盡量不抱她。」

我嚇呆了。表面上，這個媽媽試著讓女兒有最大的自主性。她無論如何都不想協助她，不想讓她成為被動的孩子……然而，這正是她在做的。

被抱著的寶寶更有機會為自己的平衡感提供資訊。隨著抱著他的父母搖晃時，他們可以鍛鍊內耳。寶寶越常被抱著，他就越早開始走路。這位母親可能不知道這件事，但是她的期望與實際結果之間的落差大到引人注意。她給了女兒兩道訊息。一道是語言的：像個大人，自己想辦法解決。另一道是潛意識的：我不想要給你任何東西，你繼續依賴我吧。

這位媽媽不給女兒她所需要的擁抱，不回應女兒的呼喚。如此一來，她一方面維持了女兒對自己的依賴，但更重要的是，她可以羞辱她、貶低她、恨她。她有好的理由，她的女兒真的是個重擔——就字面之意或比喻之意來說都是。她「連動都不會動一下」，所以她不值得媽媽關注。

當孩子開始走路，這對父母來說的一小步，對孩子來說是邁向自主的一大步，而我們已經看到父母對此有何反應。

⑧ 一歲半到三歲

一歲半是反抗、習慣性地說「不」和拒絕的年紀；是孩子表現出他們有自己的「小個性」的年紀。至少，受不了孩子表達自我的父母是這麼說的。確實，如果我們在相同年紀時沒有表達的權利，要如何接受這種似乎永無止境的反抗呢？

在一歲半前，小孩仍舊是父母願望的延續。他的自主性很低，雖然吃到不喜歡的東西時會吐出來，在想要從嬰兒車中出來時會哭喊，卻鮮少會關心自己衣服的顏色，不太在意自己是想要餵鴨子還是想回家，他讓父母替他選擇。到了兩歲時，小孩開始意識到自己，他想要自己做選擇，想變成一個人。為此，他會跟媽媽作對。為了脫離依賴性，他必須先反抗依賴。否則，他永遠不會知道自己吃馬鈴薯泥是因為自己想吃，還是因為媽媽希望他吃。如果孩子的拒絕不被尊重，或是因此被懲罰──「你現在想要？可是你得不到的，這能讓你學到什麼叫拒絕。」──他將難以建立對自己意願的信心，他可能會順從母親的意願。輪到他當父母時，那個以前無法堅定表明自己的選擇的孩子，會難以接受自己的孩子表明他的選擇。

如果一個媽媽（或爸爸）的小小孩對她說「不」，並拒絕吃飯，她可能會覺得難過，非常難過，因為她會從中推斷出自己是個壞媽媽（這當然是過度推斷）。如果他吃了我做的東西，那是因為它們好吃。如果我做的東西好吃，那就表示我是個好媽媽。如果他不吃我做的東西，那是因為它們不好，因此，我是一個壞媽媽，因為我做了不好吃的東西。有時，雪上加霜的是，就像要加強媽媽已有的想法似的，小孩會說媽媽「很壞」——孩子的想法當然不是有意識發展出來的，但大部分的媽媽都很容易把它當作一回事。他吃，就等於：我是一個好媽媽。他不吃，就等於：我是壞媽媽。在她們眼裡，這樣的連結很清楚；而因為她們不想當壞媽媽，所以寶寶必須吃飯。

有些父母則無法忍受自己沒有控制權。當他們還是小孩子的時候，沒有過控制權，他們的父母不讓他們說不，並專制地替他們做選擇。他們需要在孩子身上奠定自己的權力，以避免內心湧現焦慮，也就是那些從幼時就開始壓抑的情感包袱，像是對於自己媽媽的憤怒、羞辱感、沒有作為一個人而存在的權利的絕望。他們重複了自己父母的行為。

兩歲，是我們學著知道自己想要什麼和學著提出要求的年齡。

「如果你繼續要求，我就不給你。」一位母親對女兒說，這是她以前常常聽到的話。但是，從女兒一出生，她就非常注意女兒的需求。她做了一切，只為了要讓女兒有自信……小佐依感覺內心湧起一股渴望，她很自然地說了出來。因為媽媽跟她說過，應該要提出請求。要提出請求，但不能要求？要怎麼區別？事實上，兩者的差別似乎只存在於她媽媽眼中。如果媽媽願意給她，是因為媽媽認為那是請求。如果媽媽不願給，是因為她認為佐依在「要求」。

兩歲也是自私的年紀。你知道摩嘉娜在小公園裡不會借出她的水桶，因此有先見之明地帶了兩個去。到了沙坑後，另一個小朋友走過來，你拿出第二個水桶，讓他可以和摩嘉娜一起玩，這樣摩嘉娜也不必把自己的借給他。結果白忙一場：摩嘉娜快速地跑向第二個水桶，把它緊緊抱在懷中，這下子拿著兩個水桶的她，沒辦法再玩，但也不願放掉任何一個，她說：「這是我的水桶。」想想若是你自己的媽媽在當年遇到這種情況，會有什麼反應？如果你被辱罵、被迫借給別人、被批評為自私，你很有可能也會對摩嘉娜做出相同反應與言詞。但其實，在這個年齡，每個孩子都在經歷自我建構的階段，不能讓任何人——甚至是你——侵犯他的地盤。他的重要課題是辨識出自己身分的輪廓，也就是什麼是我和非我、什麼屬於我、這是我的地盤、這是我的身分、這是我……

當父母無法瞭解一項行為的重要性時，他們常常只會去評斷這項行為。如果我們自己當年被迫抑制了行為背後的重要課題，我們又怎麼能瞭解呢？

「我也想要騎車！」

有兩個孩子，但只有一輛腳踏車。孩子接受了用猜拳來決定誰能騎車，伊莉絲輸了。但在三歲這個年紀，她雖然參與了遊戲，卻不能接受自己輸了。她表達自己的怒意是很正常的。我們希望一切都能沒有衝突、沒有哭聲，希望她的表現會像個「大女孩」一樣，也就是像個大人一樣。但事與願違。她只有三歲，她哭了，勃然大怒。

如果父母沒有回溯自己的過去，如果他們仍有被壓抑的憤怒，他可能會難以接受女兒的情緒，尤其是當這一切還發生在公共場合。

但是，只要把女兒抱在懷裡，讓她哭，願意聆聽她的沮喪就夠了：「當我們無法擁有想要的東西時，會想要大吼大叫！我知道這對你來說有多麼痛苦，你有權利把憤怒吼出來、有權利哭泣。我也是，有一次我想要一個玩具，但卻是另一個人得到了玩具。我覺得這不公平，我不想要這樣，但事情就是這樣，而我想吶喊，所以我瞭解你⋯⋯」

不可思議但卻千真萬確地，孩子覺得自己被理解了，她又抽噎了幾聲，然後平靜下來。

三歲，是「獨自一人」的年紀。孩子想要「全部都自己一個人」做，否則就會非常生氣。是「全部」，甚至還有那些他知道自己還做不到的事。通常，他的媽媽不能理解，她只是想要幫他！從小孩因為我們沒有馬上替他做到他想要的事而抱怨的時期，到我們因為習慣了而什麼都太快幫他做的時期，兩者之間的過渡是很快的。

某些母親特別需要修補自己深刻的無用感。在孩子如此要求自己的自主權時，她們會感覺自己被排斥了。替孩子做些什麼時，她們覺得自己是有用的，如果不能再替孩子做些什麼，會相當痛苦。有時候，她們會陷入憂鬱中，感到罪惡，厭惡自己。有時候，她們會與孩子衝突，試著「讓他們回歸原位」。事實上，也就是讓孩子回到那個她們可以照顧的小嬰兒的位置。早上，她們繼續替他選衣服、穿衣服、削鉛筆、剝蛋殼……這麼做的最好狀況是引發孩子極大的怒氣，最糟的狀況則是孩子的服從。小孩可能會因為媽媽需要感到安心，而放棄自己的自主性。

有時，一切會在幾年後進入正常狀態。在為了保持自己的地位而奮戰後，媽媽放棄了，並允許孩子成長，也為自己重新定位。

有時問題也會越加嚴重。生活全被育兒工作占據的女性，可能會沒有做好放棄這個角色的準備。她無微不至地照顧著自己的小孩，沒有意識到孩子已經不再是小寶寶了。有些孩子會嘲笑並避開這種情況，有些會逃得很遠，還有一些會犧牲自己，有時甚至一輩子都留在媽媽身邊。

要找到保護與自由間的適當位置與適當劑量並不容易，這需要在孩子成長的過程中逐步調整。如果我們自己的兒童時期遭遇過太多的傷痛和沮喪，要做這樣的調整並不容易。

⑨ 四到十二歲

從四歲到十二歲，孩子會大量地藉由模仿、遊戲、能力訓練和人際關係來建構自我。他玩彈珠、玩賣東西遊戲、玩大富翁和扮家家酒。他學習讀寫、蓋棉被、洗澡、交朋友。他發現世界、社會化、學校和他人。他的智力不斷發展，在學校，主要發展邏輯數理和語言智能，玩積木時發展空間智能，練柔道或網球時發展肢體動覺智能，和朋友在一起時發展關係智能，與父母在一起時發展情商，另外還有音樂智能。每個孩子都不一樣，也生活在能讓他或多或少和諧地自我發展的環境中。他也可能會經歷考驗，像是失去祖父、搬家、在學校被當成代罪羔羊。沒錯，我們無法隨時準備好陪伴孩子，情商也未必非常強大，但我們自己度過這段時期的方式，會決定我們做父母時的態度。

我們會對曾經傷害過我們或未能完成的事情特別有戒心，面對其他事情，通常能比較平靜地處理。舉例來說，如果我們曾在學業上遇到困難，成績就很有可能成為家中的敏感話題，這尤其是因為我們沒有意識到，或已經不記得了。留在潛意識中的事會繼續承載情緒，相反地，我們清楚記得的事比較不會入侵現在的生活。

另一方面，似乎存在著一種「重演」的現象。舉例來說，如果我們曾在六歲時受到創傷，在我們的孩子六歲時，就很可能會發生什麼。我們經歷的創傷可能是喪事、讓我們羞愧的舉動、在家裡或學校中經歷的羞辱、父母親不愉快的離婚、車禍等。我們的孩子會在相同的年紀表現出什麼來：他的成績會下降，或者行為會改變，他可能變得更有攻擊性。這些都是不安全感的症狀。事實上，我們無意識地改變了對他的眼光，而他也對此做出反應。一旦我們發現了自己的經歷浮出水面，重新吸納了自己的恐懼、憤怒、哀傷和痛苦，一切就會恢復正常。

因此，我們可能會在孩子的某個特定年齡感到不自在，也可能會對某些行為感到棘手。許多父母都不擅長陪孩子玩，因為他們自己的父母也不曾陪他們玩，如果他們坐下來面對玩偶或模型車庫，兒時巨大的孤獨感可能會再次浮現。他們會覺得無聊，很容易生氣，想要逃避。無聊是一種過去壓抑情緒的症狀，也反映出對親密性有障礙。

對某些父母來說，溫柔的舉動是非常自然的，對其他人而言則既困難又深感壓力。稱讚自己的孩子、告訴他們我們愛他們、跟他們說他們很美、以他們為傲，這不是再自然不過的嗎？事實是，並非對所有人來說都是如此。當我們難以覺得自在，當我們小時候沒有受到關注，沒有被接納、聆聽和考慮，我們可能很難把這些給予自己的孩子。更糟的是，我們常會以批評和貶低來取代所有的稱讚。

艾迪特經常忍不住對女兒說：「你以為你是誰？」或是貶低她：「欸，你可不是公主！」你會讓孩子覺得他是重要的嗎？或是和艾迪特一樣，每當孩子敢於表現出自己的存在時，你常會羞辱他？

我們說出的話語是我們的父母或其他重要的人，像是兄弟姊妹對我們說過的話。有些則是我們小時候自己加在自己身上的，因為環境中的某些事不允許我們感到驕傲、覺得自己是重要的。朱立昂從沒聽過有人說他沒用，但他卻常常對自己的兒子這麼說，並附帶著類似的評語：「你不是世界的中心。」他兒時到底發生了什麼？原來，他有一個弟弟，因為媽媽必須先照顧寶寶，他因此推斷自己並不重要。他經常討厭這個取代了自己，成為媽媽的世界中心的弟弟。

四到十二歲，這也是我們或多或少有意識地想依自己的形象來塑造孩子，要求他們實現我們夢想的年齡。替他們報名足球課、舞蹈課或鋼琴課，因為我們自己以前很喜歡，或是以前被禁止做這些事。他們必須在我們過去成功的部分或失敗的部分獲得成功。又一次的，因為這是無意識的，所以更加強烈。我們的激烈反應能夠提醒我們去注意這件事。

⑩ 青少年

戴爾芬很享受生下孩子、照顧他們、跟他們玩、替他們做蛋糕這些事。但自從他們成為青少年後，情況變糟了。她常常為了一點小事吼叫，她不認識自己了。面對十五歲的大女兒時尤其緊繃，她發現自己未經同意就進入女兒的房間，甚至會檢查女兒的電子郵件，她們一直在吵架。

當我邀戴爾芬跟我談談她自己的十五歲時，她開始啜泣。正是在這個年紀時，她被一位家族的友人猥褻了。突然間，一切都明朗了，戴爾芬發現這個回憶明顯地衝擊了她和女兒的關係。女兒越長大，她就越緊張，不知為何，她開始用審訊者的眼光看著自己的女兒。她以青春期必然會遭遇的危險為論點，讓自己認為自己的行為是合理的。但無論如何，她還是反應過度，她太有侵入性了。侵入性？兩者的連結對她來說顯而易見了。

從此，她用另一種眼光來看待侵犯女兒隱私這件事。她不自覺地重複了自己曾經遭受過的事。事件發生時，她什麼都不敢說，把錯歸咎到自己身上，覺得自己很髒、很罪惡。從那天開始，她就不再穿裙子，不再化妝，不想再吸引男生的注意。當她看見女兒開始出現吸引異性的行為，她的情緒太過強烈。為了繼續掩蓋自己的記憶，她必須制止女兒。她心裡有一部分其實很想要求青春期的女兒只穿長褲出門——而且不能是會讓人隱約看到內褲的長褲。

相反地，其他有著相同經歷的父母則會以過度放任作為反應。他們的放縱一點都無法保護子女，當年也是因為不在乎而沒能保護自己，而此時，他們一樣不去保護自己的孩子。他們表面上的毫不在乎並不真的是放棄，而是要防範自己被壓抑的情緒再次出現。

還有一些父母表現得過度嚴厲。他們禁止一切，只給予孩子鮮少的自由。他們控制孩子，無意識卻又孤注一擲地希望拿回對自己經歷的控制權。

喬埃爾對自己十五歲的兒子特別嚴厲，我們一起探討了他混雜的情感。他對兒子賈克有許多的怒意，但也有害怕。如果他不控制兒子，他會替兒子感到害怕，但也會害怕兒子。賈克的腦袋裡在想什麼？事實上，這位爸爸怕的不是兒子，而是自己的情緒。十五歲時，他整天躺在床上，把音樂開到最大聲，他房間牆上的海報說明了他心中所有的暴力。他沒有朋友，跟別人在一起的時候不自在，一直鬱鬱寡歡。然後，他長大了，投入到工作當中，因而脫離了這段艱難的時期。然後他結婚，有了一個孩子。痛苦的過去已被拋在身後，直到他在自己面前，在這個十五歲的青少年身上，又看到那段過往。

這是兩個有關青少年的例子，但這種現象可能會在孩子的各個年紀發生。我們自己曾受到傷害的時期是最重要的。傷害可能是因為一場在我們生命中留下印記的嚴重事件（喪事、離婚、留級、搬家等），或因為那是一段孤獨的時間，我們無法與父母溝通，抑或因為我們被另一位同學或老師霸凌，或單純只是因為我們很不快樂。各式各樣的心理機制紛紛出現，可能會干擾我們與孩子的關係。不僅我們對孩子的反應，會更常受到被壓抑的情感而非孩子真正的行為所驅動，我們也會把孩子困在一段與他們無關的歷史中。潛意識會交流，而我們也常會見到孩子重現了最令我們害怕的事。

治癒自己的經歷不僅能幫助我們去愛自己的孩子，也能還給他們做自己的自由。當溝通變得困難，當爭吵太常爆發，問問以下這個問題是有用的：我在同樣年紀的時候，發生了什麼？

缺乏親密性是一項好的指標，一旦我們不再能與自己的孩子親近，這就代表我們身上發生了什麼，讓我們疏遠了他們。

⑪ 有一天，他們會離開

那麼，我們能夠給予孩子真正的自由嗎？成功的自由、比我們幸福的自由、去得更高更遠的自由，或是去不一樣的他方、走自己的路的自由？這正是父母的定義。他們的努力，是為了讓孩子離開他們。如果孩子成為一個獨立自主的大人，他們的任務就完成了。而且，因為演化走向的要求，我們的孩子「必須」走得比我們更遠。必須？不對，不是這樣的。演化的目的是人類整體的改善，這不代表每個個體都有責任走得比自己的祖先更遠。話雖如此……如果祖先沒有明確地將我們從這種責任中解放出來，這往往就會是我們前進的方向。

總之，對父母來說，孩子成熟也未必是一個可以輕鬆度過的階段。並非所有的父母都能輕易地放孩子離開，允許他們比我們更高、更強、更富有、更聰明、更如何如何，或跟我們太過不同。當孩子長大成人，做出不合父母之意的選擇，有多少類似「你再也不是我兒子了」或「我沒有你這個女兒」的話出現？沒有安全感的成年人非常認同他所謂的自己的「價值觀」，因此無法忍受對自己認同的質疑，他認為兒子或女兒的選擇是無法接受的。事實上，他完全嚇壞了，寧願切割，這樣就不必面對自己的傷痛。然而，**允許孩子可以不一樣，是敢於想像自己的人生其實也可**

以與現實不一樣；當我們想到自己不曾真正對人生做出選擇時，這才令人恐懼。

放孩子離開（但沒有切斷聯繫）需要有足夠堅定的內心、有充分的其他寄託和聯繫，以及在孩子之外的自我實現想法。一個留在家裡照顧孩子的母親當然會比其他投入職涯的母親遇到更多困難。但對於那些任憑伴侶關係冷淡下來，用孩子的存在來合理化夫妻感情的疏遠，想到要再度面對彼此而恐慌的父母，這也並不容易。

允許下一代超越我們，則又是另一回事了。如果過去未能達到自己想達到的位置，我們可能較難允許自己的孩子成功，或是會強迫孩子代替我們做到。這一定會剝奪他的自由，就像當初我們沒有自由一樣。

一**位母親可能會因為自己不曾得到幸福，而不接受女兒有獲得幸福的權利**。她會禁止女兒比自己幸福，禁止她超越自己。「你一定不會有小孩的。」米雪琳對女兒這麼說道，因為她自己曾失去過一個孩子，也未能培養出對其他孩子的溫柔。

「看看你穿得什麼樣子，你一點女人味都沒有……你真的讓人不舒服，不會有人受得了你的……」其他評價可能比較沒有這麼直接，但它們仍舊追隨著相同的潛意識目標，也就是貶低年輕的女孩，讓她們不覺得自己有吸引力，尤其不能讓她們比自己的媽媽更美麗。

「我們是代代相傳的工人世家。」當兒子向他提起一項工程師職位的雇用邀請時，侯貝嚴肅地指責道。

當然，父母鮮少會在口頭上直接禁止孩子成功，但孩子或多或少有意識地瞭解到，他的成功並不令父母開心。

看見孩子在我們失敗之處獲得成功是痛苦的，因為這更突顯出我們當初或許也有可能成功……事實上，如果父母覺得要為自己的失敗或錯誤選擇負上部分或全部的責任，他就比較難接受孩子的成功。我們很難接受自己做了錯誤的人生選擇，以至於在某種程度上，樂見孩子犯下相同的錯誤，好讓我們得以告訴自己：「不可能有別的做法／我當初就只能這麼做。」也因為如此，父母才能要求（通常是無意識地，由皺眉頭、嘆氣或某種態度來表現）孩子像他們一樣，為了父母犧牲自己。

如何才願意承認我們作為父母時這陰暗的一面？事實是，我們通常是矛盾的。我們有意識地期望孩子能夠一帆風順，希望他們成功、結婚、有好的發展。但如果勇於正視事實的話，有時候，我們潛意識的一面則往相反的方向走。我們會脫口說出令人不悅的評論，事先並沒有考慮過，這些評論有時甚至會讓我們感到驚訝。請追隨它們的足跡，去發現它們的源頭，它們在訴說有關我們自己的事，越去發掘這股「黑暗」的潮流，它的力量就越小。

如何修補我們的錯誤？從以上這些篇章中已經得出一項事實：為了能更好地聆聽與陪伴我們的孩子，我們首先必須走完通往自己內心的路。

PART 4

23 種自我練習

讓你得以應付日常生活的練習、方法、妙計和訣竅

自我練習 目錄

我們已經看過，即使確信自己渴望的新走向是正確合理的，但要改變運作模式並不容易。一方面，習慣已根深蒂固，另一方面，我們有時會擔心周遭的反應。其他人每天都目睹我們的行為與反應，他們會不會被我們的改變擾亂？

的確，我們可能會遭受自己父母或配偶父母的一些評判，但孩子的眼光會為我們提供所需的支持。有時候，對於年紀較大的孩子，有些父母甚至擔心改變會讓孩子不安，這表示我們不太瞭解自己的孩子。通常，他們會非常樂意迎接我們的改變，即使那是一百八十度的大轉變；因為這些轉變讓他們感覺比較好，也會改善他們與我們的關係。能信任自己的父母非常重要！有些成年人以為父母必須表現得「堅定」，也就是堅守自己的立場，忠於自己的信念，好讓孩子能夠信任自己。事實上，孩子更信任的，是會堅定地盡其所能陪伴孩子，也會因自身行為衝擊親子關係而做出改變的父母。

在接下來的內容中，我想先請你做個總結算。當然，不是要找出所有你做「錯」的事，而是為了觀察你。我們都以為瞭解自己，但實驗證明未必如此。事實上，在我們日常的行為態度中，有成千上萬我們從來不曾注意過的細節，而孩子卻以無懈可擊的洞察力找了出來；也正是這些細節，讓孩子知道我們對待他們時的差異。無論這些細微行為是無意識或有意識的，我們不得不承認，自己寧可對它們視而不見。

就如同所有的觀察，為了有效，內省必須要有目標，才能知道應該把目光投向何處與如何引導目光。我先有了女兒，而後又有了兒子。我分別觀察自己與他們兩人的關係來找出其中的差異。但是，假如我沒有讀到母親在餵母乳時，通常會先用右乳餵女兒、用左乳餵兒子，我不可能會注意到這項其實相當重要的細節。我承認，在那當下我有所懷疑，也在心裡想著：說真的，我用左乳或右乳餵兒子都行，我只是依照哪邊乳房的奶量較多來決定。但我相當驚訝地發現，的確，我完全無意識地習慣把兒子放到左乳前，而在大多數的女性身上，左乳的乳量比較多。由此可知，做母親的人在無意識中，讓男寶寶喝的奶會比女寶寶多，小女孩要從中得出自己比較不被喜愛的結論是相當容易。

哺育和愛的關聯非常緊密。這是生理性的，或是社會性的？到目前為止，還沒有人能確切辨認出背後的機制，而據我所知，只有歐洲和美國做過這類研究。

書寫並不是一定要做的，但卻相當有幫助。即使你不喜歡寫日記，我仍要請你嘗試一下。書寫是與自己面對面的機會。當然，你的日記是私密的，你所寫的東西只與你有關。無論是孩子用了一半的舊筆記本，或是一本全新的精美硬皮日記本，還是在超市匆忙買來的記事本，請把它放在手邊，並配上一支筆，好讓你可以即時地快速記下幾句話。之後，你可以在上頭寫下你的反思、評論和嘗試後的結果。它會是你的夥伴，在艱難的時刻可以成為你的避風港。你被暴力的衝動驅使時，它能夠幫助你。它也是讓小時候的你得以發聲的空間。

① 不帶罪惡感地觀察自己

請不帶批判地觀察，如果出現了罪惡感，請用溫柔的想法對待自己，使它平息下來。我們的舉動可能會傷害孩子，而敢於正視此事並不容易。你有權對自己感到非常尊敬，別忘了，比起罪惡感和悔恨，尊敬和溫柔才是成長的良伴。

請花幾天的時間觀察你面對孩子時的反應：

—我實際跟他相處的時間有多少？也就是專注在他身上、跟他玩、跟他說話、愛撫他等等的時間。一邊做晚飯，一邊分神監督一眼他的作業的時間不算在內。

—我如何讓他參與我的活動，像是做菜、整理、記帳？

—我怎麼餵他？太多、正常、均衡、有機、速食、他想吃的時候、固定時間、隨隨便便……

—我怎麼親他？親臉頰、親嘴、到處都親、溫柔地親、親嘴角、隨時都親、從來不親……

—我怎麼摸他？只有在照顧他和幫他洗澡時、幫他按摩、愛撫他、讓他在大腿上搖晃、打他……

—在摸他時，我有什麼感覺？冷淡、熱情、慈愛……

—我如何聆聽他的情緒？完全不聽、只聽他笑，不聽他哭、只聽他的哭聲，不聽他的憤怒、聽所有情緒……

—我如何處理他的小過錯？

—我如何拒絕？從不拒絕、因害怕失去他的愛而做出笨拙的拒絕？或相反地，時常在拒絕？

—我如何鼓勵他獨立？

—我如何幫助他，如何允許他成長？幫太多、幫不夠……我觀察自己替他做的事（幫他洗澡、替他切肉、替他盛飯、幫他鋪床、整理他的衣物……）我要確認：他是否有能力自己做這些？

—我如何聽他訴說自己的生活、他的遊戲和他的朋友？是心不在焉地、充滿興趣地聽？或是一邊做其他的事、草率地聽？還是仔仔細細地聽？

—我如何跟他談論我自己和我的生活？

—我如何接受他成長且離開我，跟我不同？

在親子關係中：

—我的強項、我喜歡自己的部分：
—我的弱點、我不喜歡自己的部分：
—我容易感到無力或無助的情況：
—我的教育信念：
—我父母的教育信念：
—對我來說最困難的是：

面對孩子的「蠢事」和不遵守約定時，我會有幾個典型反應：
—面對他的喊叫時：
—面對兄弟姊妹吵架時：
—面對他的拒絕、他表達反對時：
—面對他的渴望時：
—面對他的憤怒時：
—面對他的哭聲時：
—面對他學業或與人相處的困難時：
當我感到憤怒時，我會……

找出三種會令我生氣的狀況或孩子的行為：

在這些時候，我會聆聽在我心中發生了什麼：

——我感覺……

——我想要……

——那讓我回想起……

——我想要有的反應：

——對我來說，最需要改變的是：

——我決定要……

②為了不再有罪惡感

我們已經知道，罪惡感會讓我們只關注自己，且常常妨礙我們解決問題。它是對親子關係的限制，也是我們肩膀上沒有幫助的重量。有兩種可能性：其一，我們真的有錯，在這種狀況下，我們要負起責任，進行補救。其二，我們沒有錯，有罪惡感並不合理。

我們可能會因為自己的舉動或態度，對他人造成的後果而產生罪惡感。相反地，如果這是像「我是一個壞媽媽，我完全失敗了」的整體罪惡感，那麼它表現的並非我們與孩子的關係，反而很可能來自我們童年時期的評價。這時，「治癒內心的孩子」的練習（請見第11個練習：我愛自己嗎？）會比分析我們的教育行為更合適。

針對一項舉動、一個後果，請誠實確認我們罪惡感的真實狀況。的確，大多時候，我們常在自己沒有任何控制權的狀況中感到罪惡感，比起真正有錯的人，受害者常常覺得自己才是有錯的一方。

罪惡感會抑止我們傷害他人，就這層意義來說，它是有幫助且有建設性的。因此，並不需要將它完全抹除。在此，我們針對的是對自我意象與親子關係只有破壞性影響的感受。

(A)我真的必須負全責。
(B)我只須負部分的責任。
(C)我完全不須負責。

依據我所勾選的：

(A)我接受，甚至鼓勵與聆聽孩子的憤怒，而後進行修補。
(B)我瞭解自己須負的責任並予以承擔，而且只承擔自己應該承擔的部分。我不會保護其他的父母或任何人，感到罪惡有時候是一種替別人承擔的方法。
(C)我辨認出損失或受到的傷害、羞辱或需求無法滿足的沮喪。在這種情況中，我不是主體，我不是做決定的人……我承認自己的罪惡感，其實是自己的沮喪反過來針對自己。這是一種無意識的嘗試，為的是讓自己感覺能控制狀況。我接受自己的無力感，我敢於感受之前被壓抑的情緒。

過度的罪惡感是心中存在著依然被壓抑的害怕、恐懼、生氣、憤怒、厭惡等情緒的清楚指標。隨著自我內心功課的進行和自我意識的進步，罪惡感會減低，而責任感和能夠控制自己人生的感覺則會提高。

③ 他人的眼光

你的小寶貝穿著拖鞋踏入泥濘或在大晴天裡穿著雨鞋，你會感到丟臉嗎？

老師告訴你他只會調皮搗蛋或不夠用功的時候呢？

你平常如此可愛的兒子在小公園裡咬了「根本沒對他怎麼樣」的小女孩，或在超市裡因為想要那包糖果而開始大吼大叫時，你有什麼感覺？

當別人在看時，我覺得丟臉……

要承受別人的眼光，只需要反轉視線的方向就夠了。別讓他們看著你，別再成為他們目光的對象。你必須看著他們，跟他們講話，成為主動的一方——如果是你在看著他們，你就不再是他們目光的對象。

有人在看我？那我就看著他，仔細打量他……

我的孩子不一樣？那真是太好了！每個孩子都有權擁有自己的個性和特質。無論嚴不嚴重，無論是遺尿症[25]、自閉症、氣喘病、乾癬、閱讀障礙、肥胖症、狂怒……為了不讓羞愧或罪惡感出現，請不要停留在別人的注視之下。除了反轉視線的方向外，我可以：

1. 跟其他遭遇同樣問題的父母談一談。
2. 去瞭解孩子的差異，好讓自己能夠回應，尤其讓自己能保持堅定。
3. 走向他人，提供他們資訊。
4. 參加協會，加入其他遭遇相同困難的人。

通常，父母不太想認識其他有相同經歷的人。他們覺得自己不一樣，不願意承認自己有這種需要，尤其不想承認自己是「罹患遺尿症之類疾病的孩子的媽媽」。但事實上，會發生完全相反的事。在交流過程中，標籤被撕下了，無論是孩子身上的標籤，還是父母身上的。

有人覺得自己有權評斷？

我會導正他。每次當我或其他人對孩子做出評斷時，我會重新表達：那個人說：「他很羞怯。」

25 指尿床。

我反駁：「他只是在跟你說話前，會花時間來弄清楚他的說話對象是誰而已。」

那個人說：「她很任性。」

我回應：「她是很想要這個玩具。」

④ 我很緊繃、有壓力

勾選出引起你共鳴的句子：

- □我為了一點小事生氣。
- □我常會做出指責。
- □我會弄丟鑰匙。
- □我會忘了還在做菜，導致燒焦。
- □我一直都很急。
- □我的口頭禪是「快一點」。
- □一切都要無可挑剔。
- □孩子必須絕對服從。

我勾了不只一句？那表示我壓力很大！

我要試著釐清壓力的因子：

——我所做的事和我這個人是否得到足夠的肯定？

—如果我的房子（或其他事情）不是無可挑剔的，我會害怕別人的評價嗎？

—我所做的一切都是絕對必要的嗎？（或者，有時我會服從其他人或過去的命令？）

—我以更全面的方式來觀察自己的生活：針對以下各方面，我的情況如何：

- 安定：經濟安定、人身狀況安定（沒有生病、危險）
- 領土：（公寓或透天厝、其他人入侵……）
- 愛、溫柔：（伴侶關係是否順利？）
- 個人發展、實現：（我的目標是什麼？我如何實現它們？）

我能做些什麼來減輕自己的壓力程度？

從以下各層面來滿足我的需求：

—生理（吃、喝、睡、做愛、走路、運動……）

—情感（被認可、哭、笑、說出我的憤怒……）

—知性（閱讀、交流、瞭解、反思……）

—社會（認識別人、出門、有地位、做有益的事）

—精神（有意義……）

我做出三個能讓自己過得更好的決定：

我列出會讓我開心的十項小要求、十種體貼：

我把名單交給伴侶。在這個月裡，他將會依照他的意願，對我注入這些體貼。

我會談論我自己，我會敘述我的一天過得如何。每一天，我至少會跟一位成年人交談十分鐘。

⑤ 我生氣？

因為孩子的行爲而生氣時，我吼叫的起因是什麼？它們真正的對象是誰？

在往後十幾天內，每當我生氣時，我會問問自己，並在下方符合的項目後方劃一槓。有時，許多因素會交互作用：

—疲累
—荷爾蒙週期
—工作上的問題
—伴侶間的衝突
—一個人承擔的家務重擔
—財務困難
—親人生病
—沮喪
—不公平
—擔心
其他擔憂……

我會計算一下，看看每一項後面各畫了多少橫槓。

算出結果後，就輪到情緒了。找一個能信任的人談談，像是朋友、你的心理醫師……告訴他你發現了什麼。一開始，你只是需要抱怨（沒錯、沒錯……），然後你需要哭泣、發怒、捶打靠墊、擊打網球或劈柴……你可以自由地找出自己釋放精力的方法，請信任你自己的創造力。

之後，請看看你最即時的需要：協助、支持。第三者的介入會讓你的壓力程度降低一級（甚至更多級）。請別再認為你必須獨自承擔一切，接受幫助不但不可恥，更是真正勇氣的表現，別再逃避現實，勇敢求助吧！

⑥ 他在哭

我的寶寶既不餓、也不渴、也不需要睡覺或愛撫，但卻哭了起來。這時候，在我身上發生了什麼？當我四歲、十歲、十四歲或二十二歲的孩子哭泣時呢？我勾選我的反應：

A. 我慌亂了，不知道該怎麼辦。
B. 我感到自責。
C. 我攻擊他。
D. 我摀起耳朵或去別的房間，讓自己聽不見他的哭聲。
E. 我會聽出他哭的原因，聽出他想要緩解重壓，我會聽他哭並陪著他。

如果我選的不是E，我很可能是把孩子的哭泣當成自己兒時的哭泣，孩子的啜泣令我心神不寧，我沒辦法聽他的哭聲。

一旦我發現自己難以聽他哭泣，甚至無法忍受他的哭聲：

1. 我會深呼吸，會花時間找回內心的平靜。如果需要，而且孩子已到了可以自己待著的年紀，我會到廁所去。要不然，我會轉過身去，摀起耳朵一下子，讓自己恢復平靜，也不讓煩躁的情緒升起。如果他的吼叫震耳欲聾，我會考慮用耳塞，讓自己在面對他時能保持放鬆並陪著他。

2. 我曾哭過嗎？我哭的時候，身上發生了什麼？我讓自己與感受接觸，我回想起哭過之後的紓解，我給予自己溫柔。

3. 我會回想起對孩子有愛的一刻，想起與他一起的幸福時刻，我讓自己置身在這無條件的愛的情感中。

4. 我會把他的眼淚想像成他心中的毒藥，而他正在排毒，我會鼓勵他發洩出全部的痛苦。我看見毒藥流出他的體外，流進我想像中擺放在自己面前的瓶子裡。他的悲傷不會滲透我的內心，而會傾注瓶中。我看到他因為眼淚而紓解了痛苦。

5. 如果他在我懷裡，我會讓彼此的身體接觸更加緊密，就彷彿我的手臂在「聆聽」他的身體。我用身體來接納寶寶，這一方面能帶給他足夠的安全感，可以盡情發洩，也能與他保持親密接觸，而不會過度反應。我也可以在內心進行這項工作，不需實際接觸。

6. 我會溫柔且尊重地直視他。

7. 我會繼續鼓勵他：「哭吧，我在這裡聽你說你有多痛苦，告訴我，如果需要哭就盡情地哭吧！」

8. 我會留在那裡，看著他哭出痛苦。我看著這些痛苦被排除，我不會把它放在心中，而是看著它流入瓶中。

9. 哭聲不會持續太久。如果他一直哭，那表示真正的情緒沒被辨認出來。因此，我會聆聽孩子，好幫助孩子用語言表達出來。

⑦ 聆聽

聆聽不像表面上看起來那麼簡單。我們總會很快地想要回應、找到解決方法、給建議、結束別人的話、打斷對方，甚至評斷對方。另外，我們也可能只聽到大概，聽見文字而沒聽進意思。我們是否總能聽到對話者的心聲？

聆聽一個孩子說話並不是在他面前告訴他：「我在聽。」當孩子與我們面對相同方向，像是在車上或一邊做其他事情時，他會說得更多。剝豆莢、削蔬菜、稍微改造一下廚房、動手做家具，甚至整理碗盤，都是好機會。如果他需要說話，他會把握住機會。

一起做事也可以是聆聽言外之意的方法，這是在聆聽孩子的生命。

我靜靜地感覺我對他的愛。每一刻，我都品嘗著他的存在，我吸入他的能量、他的味道。

他在跟我說話？我會聆聽言外之意，我會聆聽他身上生命的運動。

他在告訴我一個事件？一場口角？我不會偏袒哪一方，我不做任何評論，我只思考他的感受：「真難」、「你應該覺得很生氣吧」、「你因為……而不快樂」。

請留意你的語調，不要下定論，也不要做詮釋，而是用內心去連結他的情緒，然後把這份情緒說出來。

我會觀察一下當我不回應、不給出解決辦法、不主導對話時，我的內心在想什麼。

當我們害怕情緒浮現時，常會想用各種方法中斷對話，或是重新掌控對話。

當……的時候，我會不自在。

我很難忍受他的（請劃掉不必要的用語）害怕、憤怒、憂傷、愉悅……

—因為那讓我回想起：

—（或是）因為我心裡想著：

而當你面對孩子的情緒，感到無能為力時，請告訴自己：

1. 我應該理解孩子正處在情緒性的反應當中，這並不代表他正在經歷真正的情緒（比如，遭遇不公平時，他可能會害怕或悲傷，而不是覺得憤怒，或者，他的情緒會太過度、太誇張）。如果他的反應過度或不當，那很可能是一種寄生的情感，因此我感到無能為力是正常的。

2. 如果他的情緒是恰當的，我會審視自己。如果是我，我能自在地面對自己有這樣的情緒嗎？

3. 我在同樣年紀時，是否也曾經歷相同的情緒卻無法表達出來？或者我表達了，卻未被聽見？

你可以思考：

在我的原生家庭中，是否禁止某些情緒？

我自己的父母最常表現出哪些情緒？

如果發現我對孩子的某種反應，可能是由對原生家庭有意識或無意識的忠誠所引發，我會決定切斷這份忠誠。因為，就算我表達了憤怒或愛意，我仍舊是家庭的一分子。

這種情況下的忠誠並不具有正面價值，因為當我們感到害怕和痛苦時，會更加忠誠。我們有權對父母教會我們的美善之事忠誠，但對於那些會損害我們與他人關係之事，則沒有忠誠的必要。

我會與自己的情緒和解。

我會記起兒時的自己。那時，當我生氣、害怕、快樂、悲傷時，我感覺到什麼？我會呼喚我的感覺，並給予當年還是孩子的自己他所需要的關愛。

8 溫柔的語言

有些父母一天會說四次「我愛你」，也有些完全說不出口。有些父母無法對孩子說不，並認為這就是向孩子表達愛的方法。有些父母宣稱行動勝過言語，有些父母用禮物來替代言語。如果我們小時候不太常聽到表達愛意的話語，要自己說出來未必是件容易的事。我們也可能會說得太多或說得不好。有時，我們覺得不得不再多說一些，這些話可能取代了其他我們不知道該如何說出口的話。當「我愛你」代表的是「我對你說我愛你，是為了讓你對此深信不疑，因為當初我太不常聽到這句話」，它可能會讓孩子覺得沉重，也會讓說出這句話的人每一次都回想起自己兒時的欠缺。這不再是現在式、親子關係中的「我愛你」，而是一句說給自己聽的「我愛你」。也有一些父母會濫用稱讚：「你很帥／你光彩奪目／你真棒／你好聰明／你真乖」，都可能讓孩子不得不成為帥氣的、聰明的或乖巧的，否則就可能不再被愛，尤其當這些話取代的是更深刻的話語，像是「我很喜歡跟你一起生活，當我看著你，我能感覺到心在跳動……」和簡單的「我愛你」時。[26]

26 請注意，我的意思並不是要禁止「你很帥」之類的話，而只是要避免過度使用，要與過度理想化保持距離。

我每天都會跟每個孩子說一次「我愛你」，我會注意我的呼吸，也會注意我胸口的感覺，並看著孩子的眼睛。

很難嗎？請從愛撫他的時候在他耳邊悄悄告訴他，或想著要怎麼做開始。最重要的是要讓愛的感覺在心中綻放。

在家中，我們是如何表達的？我們如何說出愛與溫柔？我會意識到自己缺少了什麼，我會給予自己心中的孩子他所需要的。必要時，我會做「治癒內心的孩子」那個練習（即第11個練習）。

⑨懂得說「不」，懂得說「好」

一開始，父母必須完全負起保護孩子的責任。然後，他會允許孩子自己處理、離開他們……至此，他漸漸地為孩子打開了空間。

在為了確保孩子安全而給予的必要保護，和為了讓孩子得到自由而給予的許可之間，很難權衡適當的劑量。

我依照自己給予自己的父母形象，在安全與自由之間移動游標：

安全 → 自由

孩子年紀越小，游標應該越靠近「安全」，孩子越成熟，游標應該越靠近自由。當他離家後，游標應該完全停在自由上面。這是你的狀況嗎？

我給予孩子足夠、不足或過度的自主權？

—我是否常替他做他能自己做到的事？

—需要時，我會和他一起確認。
—我教他：裁剪、盛菜、穿衣服、洗澡、鋪床、剝蛋殼、做作業……

有時，在保護孩子的名義下，父母會變得有侵略性。特別是在孩子的青少年時期，父母可能會顯得侵擾。由於難以接受孩子剛開始出現的自主性，他可能會沒敲門就進孩子的房間，可能會想看孩子的日記，或是瞥一眼孩子的部落格。他可能想「打掃」孩子的房間，檢查孩子的內褲和床單……

如果我放手讓孩子長大，我會變得怎麼樣？我如何接受自己變得沒用的感覺？

說「不」、限縮孩子周遭的空間來保護他，這在一段時間內是必要的。而後，「不」應該漸漸讓位給「好」。

孩子十三歲時，你說：「不，你不能在晚上自己一個人出去。」

孩子十五歲時，會變成：「好，但條件如下。」

隨著孩子長大，條件漸漸放寬。孩子十八歲時，他已經成年，那就是無條件的「好」。

你也可能想要保護一項物品：

孩子一歲時：「不，你不能碰這個水晶杯。」（或更應該說：拿去，這個才是你的杯子……)

孩子兩歲時:「我在你旁邊時,你可以摸這個杯子。」

孩子三歲,已經比較靈活時:「你看,要像這樣拿,你可以拿。」

當孩子問:我可以去溜滑梯嗎?我可以去看那個小女生嗎?我可以去鄰居家嗎?我可以自己去買麵包嗎?我可以自己去上學嗎?我可以離開餐桌嗎?我可以刷油漆嗎?我可以做蛋糕嗎?我可以……

我有時很難說「好」,很難允許孩子?

我之所以拒絕孩子,很可能是因為我在小時候沒有得到過允許。

允許孩子做我們不允許自己做的事並不容易。如果我們沒有得到過允許,我們也不會有經驗;我們沒有經歷過,心裡可能會感到害怕。所以,我們會猶豫該不該說「好」。

如果我准許自己做點什麼呢?

—我准許自己去「打擾」鄰居,跟她借鹽、麵粉或蒜頭。

—我准許自己去做一項我不會完成的活動。

—我准許自己去……

有時候，我們既不懂得說「好」，也不懂得說「不」，我們讓孩子自己做決定。只不過，這並非源於對他們需求的尊重，而是因為我們自己沒有採取立場的能力。

我們需要力量來說「不」和真正的「好」。父母缺乏個人力量時，常會求助權力角力和操控，以獲得自己想要的。或者，他會放任孩子。

力量、允許、保護，是父母所能給予的三種東西，三者之間密不可分。力量，其實是內在的安全感，是自信。正是這種對自己和對生命的愛讓我們堅定。沒有了力量，允許就變成放縱，而保護也常會缺乏一致性。

在這些狀況下，我是有力量的：

—我能接觸到我真正的情緒。

—我感受到內心的安全感。

—無論孩子做了什麼或說了什麼，他們都無法摧毀我。

—我不擔心別人的眼光，因為我知道他們的評斷只是為了掩飾自己的傷痛。

—我愛自己。

⑩ 競爭

我觀察自己。在小公園、在朋友家或在火車上，當我看到一位母親或父親照顧孩子，給予孩子我從沒得到過的東西時，是否曾感到心頭揪了一下？

這心頭一揪是一道訊息，我可以選擇嫉妒，或治癒自己的經歷。

如果我跟自己的孩子競爭，這可能跟什麼有關呢？

—得到的溫柔
—玩具的數量或品質
—衣服
—食物
—自由
—學業
—興趣
—愛
—其他

我最難以給予孩子的是什麼？

在此，也請不帶評斷地觀察你自己的反應。如果你跟孩子競爭，那並非因為你是不好的父母，而是因為在自己的孩童時期曾缺乏這些。因此，批判自己不但沒有幫助，更可能會抑制治癒的過程。相反地，你要讚揚自己勇於承認的舉動。

為了不繼續處於競爭狀況，請務必關心你內心的那個小孩……

每當我感到一絲嫉妒，我會看看當年曾是孩子的我。我會聽他說話，我會跟他說話。在我的想像中，我看見他得到了那時他沒有得到的：溫柔、自主、允許、遊戲、朋友……

我接受湧上心中的情緒，我讓該出現的情緒湧來，我盡可能地對當年的那個孩子溫柔。

這能幫助我對自己孩子享有的更感到欣慰。

⑪ 我愛自己嗎？

我喜歡我的這些特點：（請列出二十幾項外在、情緒、人際關係、智力、精神層面的特點）

喜歡自己的不同面向是一個階段。愛自己則是更廣泛的，是一種對於自己無條件的接受，是一種對自己的溫柔，是一份與自己親密接觸後產生的默契和親密感，也因此，它會隨著發現自己的情緒而漸漸出現。

一開始，我會每天看著鏡子裡的自己，並且專注於自己喜歡的一個臉部細節上。

我會看著鏡子，四目相接，並告訴我的倒影：「我愛你。」我會留意我體驗到的感覺。一開始，很可能什麼感覺都沒有。接著，日復一日，我會堅持著以「我愛你」來度過憤怒、噁心、輕視的浪潮。漸漸地，默契與溫柔將會扎根，最後，愛出現了。真的是這樣，真的……

我會以一位帶著無盡溫柔的普世母親的眼光看著自己。當我能接收到這份溫柔與愛時，我能感覺自己身上發生了什麼。我被這份愛填滿了，我將能更輕易地把愛給予身邊的人。

愛自己，就是體驗感覺自己活著、感覺生命在心中鼓動的喜悅。

為了能給自己的孩子更好的照顧，我首先需要照顧自己內心的孩子。以下有幾個選項能讓你遇見內心的孩子，並漸漸治癒他的傷痛。你可以選擇最適合你的途徑，或全部採用。

照片

選出一張自己兒時的照片，看著照片，讓情感、情緒、想法等在心中升起。如果那些是愛，那就一切順利。如果不是，我就記下湧上心頭的感受。

有時，童年時的自己令我們厭惡、反感，覺得丟臉。我們只想做一件事，也就是趕走他。事實上，我們想藉此逃避的是自己的痛苦。但，難道就這樣讓童年時的自己獨自面對他的痛苦嗎？

在自己身上觀察這件事並予以分析是有幫助的。

誰曾經這樣說過我或想過我？

誰使我或任我去承擔困難的重擔，且沒有幫助我？

為了培養出對兒時的自己的同理心，我們需要聆聽他的情緒。我們對於自己的評價只不過是讓我們與情感保持距離的方法。有時候，說「我那時候很胖」比說「我那時候被別人嚇壞了」要來得容易。說「我那時候很天真」比「我很害怕，所以不敢講出來」容易。但所有的評價都使我們遠離了自己與我們的孩子。

看著照片，讓回憶湧上，我能藉此聆聽自己兒時的情緒。

兩人一起，我們會更強

我想像自己隨身帶著當年還是小女孩或小男孩的自己，我觀想那個孩子在我身邊，他（她）害怕時，我會讓他安心，跟他說話，或者聆聽他說話。一整天，那孩子會在我的活動中陪著我。我牽著他（她）的手，在心裡跟他說話，我向他展現現在的生活。

治癒內心的孩子

下面是一篇讓人放鬆的文章，你可以用自己的聲音錄下來，如果需要，可以儘管重複：

我閉上雙眼，深呼吸。

我觀想雙眉之間有一個藍色光點。

這個光點將在我的身上移動，讓我的肌肉一吋一吋地放鬆。光掃過前額，下降至雙眼附近、鼻梁，讓下顎放鬆，甚至讓舌頭放鬆。

藍色光點下降到頸部、右肩、右臂，直到手指，藍色光點再次往上，穿過胸膛、左肩、左臂，來到手指。光點經過胸膛、心臟，撫過腹部，讓骨盆放鬆，下降到右腿，直到腳趾，然後再次往上，經過左腿，來到腳趾。

藍色光點停在尾骨，放鬆、舒展。它沿著脊椎一節一節向上，經過腰椎、胸椎、頸椎，穿過頭骨，讓骨頭放鬆，點亮整個大腦。

在我平靜地深呼吸時，有一個柔和的藍色光圈包圍著我。

我讓我的身體繼續放鬆，並在心中出發到森林裡。

一棵大樹矗立在我面前，堅毅挺拔，雄偉地向空中開枝散葉。我走近它，用手臂環繞它，把臉頰靠在樹皮上，感覺它的能量。

現在，我靠著大樹坐下。我想起自己目前遭遇的困難，任由這些畫面引起的情緒和感覺出現。

我心中的小孩受傷了。

我看見離大樹不遠的地方有一處深邃的洞穴，我知道它會引領我到過去的一景，我童年時痛苦的一景。

現在已是大人的我將會介入我的過去，去幫助和支持童年的我。

我繼續在樹下冥想時，我的一個自我意象站了起來，朝洞穴走去，走下在我面前的階梯。

我到了一扇門前。在門的後面，有我童年的一景，我知道我想要觀看，就像要進入電影放映室一樣，我打開那扇門。

我看著童年時的自己，看著那孩子的臉，觀察他（她）周遭發生的事。

我介入他正在經歷的事情。我是他從來不曾有過的目擊者、捍衛者。我看著我的父母，看著那個正在傷害孩子的人，並且告訴他。我告訴父母我從來不敢說的話，告訴他們這樣對待一個孩子是不公平的，我告訴他們這行為是不可容忍的。傷害孩子、嘲笑孩子或操控孩子從來不是正當、合理的。

我父母的影像消失了，我轉身面對童年的自己。

我給他我的愛，他是那麼需要愛。

童年時的自己可能很不習慣無條件的愛，所以一開始他會懷疑……我給他時間，就像面對一個自己不認識的小孩時那樣。我小心翼翼地接近他，給他時間來習慣我的存在，來感受信賴關係。

根據他的年齡，我會從肩膀、膝蓋或手臂抱住他。我輕輕地愛撫他的頭，我愛他，並向他表現我的愛，他需要這份無條件給予的愛。

我聆聽他想告訴我的話、他掛心的事，我聆聽他的情緒。我讓他在我的懷裡哭泣或吶喊……讓他跟我說話、表達自己是很重要的。

我是他的未來，我比誰都瞭解他。

現在，換我跟他說話了。我跟他說他需要聽到的事，我向他解釋他還無法理解的事，我教他他還不知道的事。通常，眼淚會潸潸而下，那是如釋重負的眼淚，我接受這些眼淚。我的愛已經觸及了童年時的自己。

當童年的我接受到這份溫柔時，我能感受到在他身上發生的事和發生在我身上的事。

現在，我要幫助童年的自己重拾自信，我要教他做自己和敢於表達自己。我會在他生命的困難情況中陪伴他。我會教他讓自己獲得尊重、跟其他人玩，還有所有他需要學會的事。

我看見如果自己當初曾獲得如此的陪伴和幫助，如果我在那時候得到了應得的愛與關懷，我會成為怎樣的孩子。

現在，是時候跟那個孩子說再見了，我告訴他我會回來，特別是每當他有需要，就能呼喚我。

隨著我一步一步地溯時間而上直到今天，我看見自己本來可能會如何長大、如何經歷人生的其他階段。

我觀想我可能會是怎樣的青少年，我看見二十歲、二十五歲、三十五歲的自己……我看見自己現在本來可能會是怎樣，我看見自己本來可以成為的樣子。那是我實際的樣子，那是如果我當時曾獲得妥善的尊重和陪伴，獲得我應得的這一切，將會變成的樣子。

因為我意識到這件事，意識到我自己的真實，我讓一股深刻的信任與感激誕生。我感覺到自己體內的「生命」。

我一邊保持與這些感覺的聯繫，一邊回到大樹旁。我向四周張望，嗅聞氣味，聆聽自然的聲音。

然後回到我的藍色光圈中。我更深地呼吸。我意識到當我睜開眼時，會看見什麼，我動動腳趾與手指、雙手與雙腳，逐漸與我的身體恢復聯繫，我呼吸、打哈欠、伸展四肢……睜開眼睛。

寫信

寫一封信給兒時的自己，或許也可以是一首詩……我會藉此告訴他我愛他，以及我希望他能知道，關於他自己、關於別人和關於世界的兩三件事。

⑫ 面對問題、不好的結果或輕微的偏差行為

面對問題、不好的結果或輕微的偏差行為，在採取行動前，請先問問以下的問題：

—問題是什麼？
—這是我的問題，還是孩子的問題？
—我的意向是什麼？
—我的態度有教育性嗎？它能教給孩子什麼？

有時，我們會不由自主地採取懲罰。

懲罰是羞辱，它是違背教育意義的。它建立的是成人對孩子的控制權，而不是孩子對錯誤的意識。一般來說，它和「錯誤」無關，強調的是孩子的罪惡感，而不是如何修補。父母常常未經思考反射性地懲罰，這是因為他們曾被懲罰過。儘管他們深知這些懲罰幾乎沒讓他們學到什麼，輪到他們當父母時，他們依然繼續使用。

懲罰孩子是一種對無力感的對抗。在懲罰時，我們有了採取行動、為了讓事情有所改善「而做了點什麼」的錯覺。另外，當告訴父母懲罰並沒有幫助時，他們常

常會以發自內心的吶喊來回應：「但我總不能讓他繼續這樣下去，我總得做點什麼。」

如果在孩童時期不曾受困於權力角力之中，我們可能比較會使用處分而非懲罰。

處分是踰矩的合理後果，唯有在規則明確時才能進行。我們不能責罵一個不知道自己不能剪窗簾的孩子，但當他再犯時就可以。處分會讓孩子意識到自己行為的後果，並學著負起責任。最好的處分是修復（清洗桌巾上的髒汙、重建信任、重新粉刷牆壁……）。處分的程度符合過失或踰矩行為的嚴重性，且與它們有直接關係。它在意的不是錯誤，也不是犯錯的人，它的目的是避免羞愧，並讓孩子能容忍一定程度的罪惡感。

我從不懲罰：

1. 因為我害怕孩子不愛我。
2. 因為我使用能讓孩子有責任感且有修復作用的處理，就等於做了處治。

我會懲罰：

1. 因為我並未區分懲罰和處分。
2. 因為我只學到這件事。

3. 因為這是我在兒時遭受過的，而且我認為那是為我好。

我會讓孩子遭受我自己在兒時受過的懲罰嗎？是哪些懲罰？我會花一點時間來觀察自己在狀況當下的真實行為，並想一想上面這些問題。總之，答案沒有那麼簡單。

想想孩子最近犯下的三次踰矩行為，我其實可以提出怎樣的修復性處分？我衡量處分與懲罰的差異。

⑬ 我受不了他

「他快把我氣死了！」

「他懶惰、有攻擊性、無精打采、自私、封閉、膽小畏縮……」

「他就像這樣、他就像那樣……」

十個用來形容我的孩子的形容詞，會是：

如果我對自己誠實的話，哪些是也能用在我身上的？

哪些是相當明確違背我的價值？例如，如果我把自己的生活建立在工作價值上，「懶惰」就與此相違背。

如果我受不了孩子的個性，這說明了關於我的什麼呢？

個性是我們情緒、人際關係和行為習慣的總和。我的孩子在與我接觸時形成了這些習慣。

我的惱怒難道不是模糊地反映出我對孩子變成這樣感到內疚嗎？

孩子像兒時的我或我哪位兄弟姊妹嗎？或者恰恰相反，他太不一樣了？他會做一些我不允許自己做的事嗎？

我自問：「是否因為認為他就是這樣，而無意識地影響他變成這樣？」是否可能在我心中發現一股無意識的期待，它可能引發了這樣的行為習慣？

我是否因為自己無法成為自己理想中的父母而埋怨孩子？

其實，評斷會掩蓋情緒或需求。一個一開始沒有多想的形容詞，很快就會變成標籤或評斷。

我意識到孩子的情緒和需求，而不去評斷他。

我把列表中的每個形容詞轉變為句子。

「羞怯」可以變成「他怕其他人」或「他不喜歡我強迫他跟不認識的人問好」。

「懶惰」可以變成「他不想跟我一樣、他跟我作對、他在生我的氣、他想要有存在感……」或是往另一個方向去：「他跟老師處得不好、他因為災難般的成績而討厭學習、老師不適合他」，甚至：「他在國中被其他男生霸凌，成績不好可以讓他融入群體……」

形容詞不僅帶給孩子將來難以撕下的標籤，更讓我們彼此疏遠。愛一個「懶惰」的孩子，比愛一個痛苦且只想到以不用功來解決，甚至企圖以此來跟自己作對的孩子困難。

我發現，比起那些形容詞、評價和標籤，留意孩子的情緒與需求真的給了我更多幫助孩子改變行為的線索。

⑭ 控制憤怒

我想把他從窗戶丟出去，我想殺了他……
我們有權這樣想，但無權付諸行動。

「上次，我把他往牆上推，我不想再這麼做了，我不想再打他。」
「我女兒跟我作對時，我甩了她一巴掌，我討厭這樣的自己。」
「我對兒子大吼大叫，我跟他說了很糟糕的話，我非常怨恨自己。」
這些情況有時候也會發生在你身上嗎？

最近，我曾感受過一股對……的暴力衝動。

我的暴力以什麼方式展現：
—吼叫
—打人
—嚴厲的話語

——冷戰
——輕視
——主導、控制的需要
——性衝動
——其他

導火線是什麼？我給自己什麼理由？

我會辱罵他、打他……

辱罵、評斷都是把我們的情緒投射在他人身上，這可以從孩子身上取得控制權，好讓（避免）我們**能**接觸到隱藏起來的痛苦。

貶損他人以免覺得自己太渺小、貶低對方好讓自己覺得有力、控制他人來抵銷自己的無力感……這些都是在產生作用的舉動。因此，需要治癒的是我們自己的無力感。

我自己曾經聽過可能已經傷害我的話嗎？

在我的成年生活中，這些話來自：

—另一半
—婆婆
—我的父母
—朋友
—醫生
—其他人

在我的童年生活中呢？

童年時，我曾經聽過什麼貶低的話？我周遭的人最喜歡的侮辱是什麼？我記得這些所謂的暱稱：「胖妞」、「小矮人」……我那時有什麼感覺？我是怎麼保護自己的？哪些字彙是我還會突然發現自己在使用的？

你童年時曾經被體罰嗎？

怎樣的體罰？輕輕地打耳光、打屁股、用腳踢、用尺、皮帶、鞭子或馬鞭打？在幾歲時？

你的父母說了什麼來合理化這些體罰？

沒有什麼可以合理化打小孩這件事。請感受一下那讓你有多痛，你有權對你的父母感到憤怒。這不會摧毀他們，只是要幫助你從自認為可恥和相信體罰的價值中解脫。

如果我現在回想一下，真正激起我暴力衝動的是什麼？

我當時感覺……

—無力

—不知所措

—無助

—驚慌

—被質疑

—被攻擊

—被羞辱

—受傷

—困住了

—受限了

我在童年的什麼時候，可能經歷過這些感受？

暴力是在「我不受控制地出手了」之類的不由自主狀況下，或是在想要主控的衝動、想要重獲控制權的企圖中出現的。它可能會以打人、嚴厲的話語、拒絕或輕視來表現，憤怒的真正原因通常都被隱藏了。父母感覺——或更應該說想避免自己感覺——無力、無助、驚慌、被質疑、被攻擊、受傷、被羞辱、困住了、受限了……

你發火、到達極限、狂怒，請意識到你的暴力、你的語氣……在可能的情況下，把孩子託付給另一個人。

當你已經到達極限，真正的勇氣是敢於求助，沒有必要放任情況惡化到我們再也無法控制的狀態。當幸運地父母兩人都在時，他們可以使用暗號，例如喊出「接棒」來啟動另一方的立即介入。把孩子交託出去一下子或幾小時可以避免我們做出之後會令自己後悔的舉動。自己一人時，可以請求友人、鄰居或祖父母的幫助。我們可以引入第三者或打電話給朋友，未必是為了談論這個狀況，這只是給自己恢復平靜的時間。當我們覺得火氣上來時，就是該出門見見其他人，或跟店家交流幾句話的時候了。去聊些有的沒的，聊聊蔬菜顏色，快點把嬰兒車推出門吧，別人還會跟孩子互動。如果你難以忍受「他真可愛」之類的話，請勇敢說出「我沒辦法應付他，我出門是因為我受不了了，我需要跟別人說話，你的紅蘿蔔產地是哪裡？」沒錯，最好快速地轉移話題。這個社會中很少人知道該怎麼應對別人的苦惱，如果你不迅速地把他們的注意力轉移到他們能夠應付的話題上，他們可能會感到不自在，甚至會怪罪孩子是個「把媽媽搞得很累的搗蛋鬼」，和說出各種你既不想也不需要聽到的話。如果你幸運地碰上一個有同理心的人，她會把話題從自己轉回你的需求上：「跟孩子面對面，有時候確實不容易。」

在緊急狀況下：

這些建議並不是命令，請自己判斷在每種狀況中什麼最適合你，這是一些你可以隨時配備的工具和選項：

—我會深呼吸三次，並想像自己把氣一路傳到脊椎下端。
—我會趕快到浴室去，往臉上潑點水，雙腳站穩，深深吸一口氣，想像氣流一路達到尾骨。
—我會打電話給朋友。
—我會感覺雙腳與地面的接觸。
—如果怒氣不是太強烈，如果我能控制自己的舉動，我會摸摸孩子。依照孩子的年紀，我會把他抱在懷裡、抱在大腿上，或把雙手放在他的手臂上。摸他時，我會注意觸摸帶給我的感受。我摸他不是為了讓他放心（雖然可能會有這種效果），而是要緩一緩自己的心跳節奏。我也可以愛撫小狗、觸摸某個物品（不要碰香菸），並注意手指的感觸。
—我會在心中想起和孩子相處時某個感受到愉悅與愛的時刻。或許是他出生時的激動，或許是上次母親節的禮物，或許是一次非常溫柔的「我愛你」。我把孩子抱在懷中——如果他還小，就真的抱抱他，如果他已經是青少年，就在心裡抱抱他（雖然青少年甚至大人，有時也需要被愛撫、擁抱）。——我會閉上眼睛，重新感受我對他的愛……我可能會流淚，但愛的大門將會敞開。我不會把孩子抱在懷裡太久，一旦我們兩個都平靜下來，我就會把他的注意力轉向外界，像是某個遊戲或某個活動上。即便我是在心裡愛撫擁抱他，我也會想像他正朝朋友走去。

我在街上崩潰？

我會找路人、店家或隨便一個人搭話，聊什麼都行，跟大人交談這件事應該就足以減輕我的憤怒。不需要把話題拉到自己經歷的事情上，我會談談今天的天氣。在我重新集中注意力的期間，我會讓孩子在身邊哭鬧。如果真的太困難，我會毫不猶豫地尋求協助。

路人通常不敢介入，但這不代表他們不想介入。「幫幫我」應該就足以讓路人在哭鬧的小孩前蹲下來，跟他說話。第三者的介入有神奇的效果，何樂而不為呢？你害怕被評斷？只有無力幫助你的人會評斷你。當你向他們尋求協助，你就讓他們參與進來，他們會覺得自己是有用的，所有的評斷都會消失。

當我平靜下來後，我會問一個問題：

「我感覺如何？」

我也會完全真誠地向孩子說出答案，且不會忘記我是主體。所以，我的每個句子都由「我」開始（我很憤怒、我覺得很無助、我害怕……）

下一個問題是：

「我的需求是什麼？」

但答案可能需要花點時間才能找到，因為我們的第一個反應經常是：「我需要他閉嘴，我需要他改變態度、需要他用功一點……」但事實上，「我」的需求只跟「我」有關，與他人無關……

我分析：

1. 我的憤怒是否適度？
2. 我的憤怒是否適當？
3. 我的情緒表現是否有建設性？

如果三個問題的答案都是「是」，我會表達出自己的憤怒。否則，我會更進一步分析。

以下是幾個確認情緒是否適度的要點：

—如果它能讓孩子聽到我的憤怒而不會對我感到害怕，它就是適度的（當然，有些孩子太習慣於父母的吼叫，他們已經不會害怕了……這並不代表憤怒是適度的）。

—如果它合理（我們總是覺得自己的憤怒是合理的，但仔細深究的話就不一定了）且與問題有直接的關聯，它就是適度的。

—只要它變得暴力或帶有控訴性，只要它的目的是傷害別人，它就不是適度的。

我的憤怒是適當的：

—如果我受到傷害、經歷挫折、自己的領域被破壞、遭遇不公，那麼我的憤怒就是適當的。所以，如果我兒子借走我的衣服又把它弄髒，我生氣是適當的，如果他沒吃完青豆，我生氣是不適當的，除非他替自己盛了太多，讓我吃不到。

—如果問題與我有關，我的憤怒是適當的。如果我女兒穿著沾滿泥巴的鞋子走在我剛剛洗過的地板上，我生氣是正當的，因為這是「我」的問題。如果她考數學拿了兩分，我生氣是不適當的，因為這是「她」的問題。面對這個問題，我的角色是幫助她。

如果我的憤怒太過度，它可能是：

—累積的結果：「我已經重複說二十次了……」重複並不是一項好辦法。如果孩子沒有改變，那是因為有什麼在阻止他。有問題的行為可能並非他所能控制（例如，在椅子上搖來搖去、有過動的表現、成績不好等），因此，他需要幫助。我的憤怒可能會不自覺地傷害他。

—把對他人的憤怒投射到孩子身上：我可能對誰感到憤怒？我在工作上、在伴侶關係中或其他地方經歷了沮喪或不公嗎？我的自我形象是否受到傷害？我真正感到憤怒的對象是誰？我會向那個人表達我的憤怒，或者，如果不適合或無法這麼做，我會向一個信任的人談談我的憤怒。在分享我的沮喪或不公平感時，我得到了充分的紓解，不會再一次把怒氣投射在孩子身上。

—不久前被壓抑情緒的釋放：在此之前發生了什麼？我會釋放出被壓抑的情緒，或至少意識到這件事，並找一個可信任的人談談。

—由涉及或不涉及孩子，甚至可能與他一點關係都沒有的擔憂轉變而來：我預期到什麼？我會辨識自己的擔憂，為此負起責任。我會跟一個信任的人談一談。我不會停留在恐懼當中，以免自己再次不合理地生氣。

—身體或精神上精疲力竭的結果：我會意識到自己處於過勞的狀態，並即刻尋求協助，尋求物質、具體的協助，越快越好。如果我的過勞主要是身體上的，我會接受他人的幫助。如果過勞是精神上的，我會找一個信任的人談談我忍受著並讓我精疲力竭的事。我會認清自己的需求，建立優先順序。我會要求另一半的參與，他不在時，會請其他的家人或朋友幫忙。

—與經前症候群的表現相關：我會喝一杯鼠尾草茶，並讓這場風暴過去，同時瞭解到它的原因是荷爾蒙。

—我過往情緒的甦醒：我在跟孩子同樣年紀時，是否做過同樣的事，或者曾經有過想做的欲望，但從來不敢做？如果我在兒時曾經有過現在讓我如此憤怒的行為，我的父母會說些什麼？為了戰勝這無意識的行為，是時候去尋找它的來源了。

⑮ 戰勝過去的無意識行為

A. 我會盡可能確實地記錄下我的反應。例如：我吼了「你這白痴」。

B. 我會寫下我的感受和相伴而來的話語……在紙上我能放鬆，能把我不敢告訴孩子的話說出來。我說出來是為了能在接下來幫助自己建立與自己過去經歷的連結。例如：我覺得自己被背叛、無助、沒用，我想要消滅它……

C. 我找出引爆點：到底是哪件事、在什麼時侯、對於哪個行為的哪種解讀引發了我的怒氣？引爆點的例子：他直視我／他不看我／她轉身背對我／我感覺無力／她從我面前走過去。

觀察這個引爆點，它讓你回想起什麼？它喚醒了你心中的什麼？你反覆念誦多次這個引爆點，並把主詞替換為「有人」。例如，把「我的孩子說我很壞」換成「有人說我很壞」。接下來的問題就是：「是誰告訴過我或是讓我認為自己很壞？」

回到A，你的反應是否與你曾在父母其中一方身上見過的反應相似？或是與某個哥哥、姊姊、祖父母或你童年時參照對象的反應相似？或者，這是你年輕時熟悉的反應？

看看你在B中寫了什麼。這些感受、想法是你熟悉的嗎？

你在什麼時候感受到這些？

當憤怒的動機釐清後，對孩子的過度憤怒就會消失。跟孩子說幾句道歉的話，並與孩子討論發生過的事及彼此的感受，如此可以重建親子關係。

⑯ 你犯下無法補救的錯誤？

我們的暴力舉動並非無法補救，認為自己犯下了無法補救的錯誤，會妨礙我們修補親子關係。補救錯誤的第一步，是意識到自己的舉動。沒錯，承認自己是暴力的並不容易，我們常會輕描淡寫這件事的嚴重性，指責孩子……

接著，必須要瞭解在引爆點之外，是什麼真正引起了我們的舉動。必須瞭解真正的原因，才能讓我們的受害者從罪惡感的重擔中解脫。

然後，要知道我們的「受害者」有什麼樣的感受。比起道歉，他更需要同理心與解釋。受害者有權對我們生氣，他需要一點時間來瞭解自己的情緒，並敢於說出自己覺得害怕、感到受傷，和對此生氣。請給他時間。唯有在此之後我們才能向他解釋發生在我們身上的事。

解釋能幫助他不再覺得自己需要為我們爆發的憤怒負責。通常，只要能真正瞭解孩子的傷痛與情緒，不低估嚴重性，不試著找藉口或辯解，這真誠的交流就足以修復損害。

選出你最常有的態度：

A. 我懂得花時間聆聽及衡量我傷害他的程度，我會注意修補我們的關係。
B. 我道歉，然後就不再提這件事。
C. 我承認過當的部分，但拒絕對孩子道歉。
D. 我不知道該如何道歉。
E. 別想要我道歉，該道歉的是他。

你選了：
A. 你能瞭解自己，也能理解孩子，你的孩子會知道他能信任你。
B. 你在逃避什麼？
C. 你還陷在權力的角力中，很可能還沒發現這股憤怒表達的是你自己的經歷。你想要保有對孩子的控制權，就像你的父母當年能控制你一樣，更何況你當時深感無力。這就像是你對自己經歷的報復，事實上你是對你自己的父母感到憤怒。要知道，你的孩子很可能並不會上當。他還小的時候，你可能會覺得你的態度是有效的，因為他會怕你，你或許將此解讀為正面的結果。事實上，他只是屈服。等他大一點，他會發現你內心缺乏安全感，無論如何，他會知道自己不能信任你。
D. 道歉越簡單越好，你要專注在孩子身上，以及他遭受你的暴怒時所經歷的事情上，並向他解釋發生在你身上的事：「我很抱歉，我知道剛才我吼叫時，你應該感到非常痛苦，你可能會怕我……我反應過度了。事實上，我雖然對你大吼大叫，但我之前就在生氣了。我今天的工作非常辛苦（如果事實真的如此的話，否則請絕對不要編造），我惱怒地回到家。當我看到你把大衣放在椅子上，我就爆發了。你確實可以把你的大衣掛在玄關，但我的反應並不適當。」太長了？沒錯，這需要一點時間，而且這能讓你在之後省下更多時間。

E. 你還在生氣，如果你的憤怒依舊強烈且投射在孩子身上，這是一個訊號。你心中可能還有一些灰暗地帶，或者，你低估了某種情緒的重要性。在這種你以前曾經歷的情況中，一個孩子會有什麼感覺？悲傷、憤怒、恐懼、絕望、厭惡……沒錯，這些你全都感受過。當你還小時，或許沒有權利或不可能表達出來，但這些情緒仍舊刻在你心中。

每當我們放任自己做出暴力舉動，傷害的不只是孩子，更會把我們心中的孩子進一步地封閉起來。

當傷害孩子時，我們也傷害了自己。當傳遞給他們愛的訊息時，我們也會感到自己充滿了愛。如果我們每個人都可能在某一刻被恨的衝動俘擄，我們仍然可以在愛的訊息與傷人的訊息之間做選擇。記住這可能的選擇是很重要的。當恨的衝動太過強烈，當無法控制自己的憤怒，當覺得在面對孩子時，無法選擇自己的態度，請馬上去看醫生。

深究我們行為的根源是心理醫師的工作，他知道該如何協助我們。[27] 我們會很想告訴自己：「這只是個階段，當他大一點，狀況就會改善，這不嚴重……」但是，這很嚴重！無論是對孩子、對我們自己、對夫妻關係、對我們的現狀，對我們和他們的未來都很嚴重。

我們可以不去諮商，但如果明明可以更快樂，作為父母明明可以有更美好的自我形象但卻不去做，實在很可惜。而且，我們的過去並非如此難以治癒，別讓它侵害我們與孩子的關係。

27 現在心理醫師的數量很多。每種治療型態都有自己的指示。有些開業醫生受過扎實的訓練，其他則不然。可惜的是，文憑並不是做選擇時可靠的參考。請去找三位醫師，聽從自己對他的印象。一位好的心理醫師是懂得聽你說話的醫師，當然，也是你感覺可以信任的。他還是一位堅定、不會害怕你父母的人。

⑰我無法愛我的孩子

某些事情阻礙我，或依舊阻礙我充分發展對寶寶的愛。為了排除阻礙，請試著——

辨識障礙：

什麼或誰阻止我去愛孩子？
下面六個選項中，何者讓我最有共鳴？
1. 我的過去／我自己沒有被愛過。
2. 那不是我的孩子：那是我公婆／我自己父母的孩子。
3. 他受孕或出生時的條件。
4. 他父親的態度。
5. 他讓人難以去愛（個性、身心障礙……）。
6. 我不知道為什麼。

針對每個狀況，可排除阻礙的幾條線索：

請根據你所勾選的項目，找到呼應的號碼：

1.「治癒內心的孩子」的練習已經全部說明過了。（請見前面第11個練習）

2.在心中想像自己的父母或公婆面對著我，我可以利用他們的照片，練習對他們說「不」。即便當初我是為了讓他們開心，或是屈服於他們的願望而有了這個孩子，現在我要重新擔任父親／母親的角色，這是我的孩子，不是他或他們的孩子。具體而言，我可以跟他們保持距離，給自己重新調整親子關係的時間。我會跟孩子說話，無論他是兩天大的新生兒或是三歲大的小孩。我會告訴他我是在什麼狀況下懷了他，而現在我想要與他有怎樣的關係。這是一段新關係之始。

3.我認清在孩子受孕／出生／或其他改變了我與孩子關係的時刻中，我的感受、情緒和矛盾。我那時很可能對某人感到憤怒，但從來不敢對自己坦承這件事……對誰憤怒呢？我會寫下想對他說的話：我因為……而埋怨你。我在紙上宣洩。有一天，當我準備好，我會真的寫信給他，或是告訴他我的經歷。但我會燒掉第一封宣洩的信。我看著火焰燒掉我的憤怒，願意讓這些我所背負的情緒在心中平息下來。然後，我會觀察我與孩子的關係有什麼變化。

4. 我認清我對伴侶的憤怒，我承擔起責任。無論另一半的態度合不合我意，都不應該讓它影響我與孩子的關係。
5. 孩子的不同、特殊之處讓我面臨到什麼？在生理上或情緒上很艱難嗎？是關於我自身形象的問題嗎？我是否獲得了充分的支持？
6. 我繼續內省，我尤其不想發現的是什麼？

⑱ 寫信給孩子

從寫一封我們不會寄給孩子的信開始，是有幫助的。寫在紙上能幫助我們釐清自己的情緒。想要感受愛，先排出毒素是很重要的。否則，毒素會汙染愛，而讓我們無法去愛。罪惡感和羞愧都沒有幫助，請正視現實。

我有權告訴他我的憤怒（在紙上）。我在他不在場時跟他說話。

例如：我怨恨你來到世界上。因為你的出生，你父親離開了……我會燒掉這第一封信。我會再寫第二封信，或許還會寫第三封，直到重讀這些信時，我發現這些指控都已經消失，相反地，我讀到的是自己的情緒。

在第一部分中，我會向他訴說一切，我會告訴他這些阻礙如何讓我疏遠了他，我想怎麼樣重建關係，並學著去愛他。

之後，我會瞭解他的經歷。「你那時應該感到恐懼，覺得被遺棄，覺得孤單吧。我知道你那時有多麼需要我，我接受你的憤怒。」

我接受你的憤怒

無論是否直接跟孩子說話，從我開始做這件事的那一刻起，我就允許孩子告訴我他的憤怒。他會這麼做的，未必會直接地表達，尤其如果他還小的話。不過，他通常會展現他的憤怒，我會聽他說：「我知道你在生氣，你有權生氣，我給你的陪伴太少了……」

這是最根本的階段，但太常因為讓人不自在而被略過。

我會重新建立溫柔的接觸

我會把握所有機會來製造肢體接觸。無論當孩子是嬰兒時我把他抱在懷裡，或是當他大一點，我們一起看電視時，我感覺到我們肩靠肩，在我碰觸他時，我會深呼吸，並讓自己潛入他的內心，同時在我自己的心中接納他。

我會修補、改正

我們隨時都能再從發展階段開始，需求一直都在。例如，我不知道該如何面對孩子說「不」的時期：我會增加選擇的項目，提出一些我知道孩子會說不的事項。

我會向他提議一些他不喜歡的東西，訓練他來反對我。例如，「你要跟我一起去超市嗎？」

要治癒過去，什麼時候都不嫌晚。你發現孩子缺乏自信，或者，在一段時間後，你意識到自己過去特別嚴格、不關心、在他成長的某個階段無法付出？你還能修補。請談論這件事，承認這件事，聆聽孩子的抱怨、沮喪，但也要修補。請付出你之前不知道要付出的，像是肢體接觸、慈愛、溫柔的話語、鼓勵、允許、保護、選擇、反對的機會……

⑲ 他用指責攻擊我

他／她很憤怒，突然冒出一句話：「總之，你從沒愛過我！」

這指責簡直潑了父母一頭冷水。青少年不僅是荷爾蒙的大混亂，也是心理重整的時期。過去的傷痛和被壓抑的情感重新出現，父母要做篩選並不容易，尤其當父母過去也未獲得任何人的幫助時。過得特別痛苦的青少年常會用各種或多或少合法的方法，試圖讓自己內心吶喊的情緒噤聲，像是自殘、讓身體疼痛而免於感受心理痛苦。厭食、暴食、濫用藥物等，都是為了不去感覺的策略。[28]

有時，孩子什麼都不說，他只是疏遠父母。成年後，他離開到遠方生活。他做出與父母相反的生活選擇（對了，他對父母說了什麼？）。疏遠父母的方法很多，我們可以從身體上、情感上、知性上、經濟上、道德上疏遠他們。

孩子成年後，我們可能會覺得自己的工作結束了。這不正確。我們對他們仍有極大的影響，影響可能是有意識或無意識的。

有時，孩子一結婚或自己成為母親後，就切斷橋梁，拒絕與我們有任何接觸，不准我們見孫子……這不是沒有理由的，難言之隱仍舊在破壞我們的關係。

比起捍衛自己或替自己辯解，我會試著知道對他／她來說發生了什麼，我會反求諸己：我的真實情況是怎樣，或是曾經怎樣？我過去是如何愛孩子的？我可能在哪一刻被情緒的反應（喪事、恐懼、憂鬱等）占據，使我或許忽略了對孩子的關注，而孩子可能將此解釋為我對他的愛不足？

我願意考慮孩子話語中的那一絲真相。他在什麼時候、如何產生了我不愛他的感覺？我在哪一刻沒能保護他？他缺少了什麼，以至於無法有自信地成長？是誰傷害了他？

有時候，我是否更重視自己對他的控制權，而不是聆聽他的需求？

我是否曾經更遵從自己的教育信念，而不是他的情感需求？

我是否曾經試著壓抑他的情緒表達，而非去聆聽？

在我的行為中，我服從的是什麼？我自己的經歷、我的婆婆／岳母、小兒科醫師、我的先生／太太、一本書，或是孩子和我自己的需求？

28 簡單來說，在此，我們不會專注在青少年上，而是專注於發生在父母身上的事。

⑳跟胎兒說話

胎兒還在你肚子裡時，你不知道也沒能跟他說話？不論你的小寶貝現在已經四歲或四十歲，這都是有幫助的。當然，不是要你馬上直接去跟他說話，你可以用玩偶、靠墊（注意，不要用那個你有時用來發洩憤怒的靠墊）作為他的象徵、或選一張你懷孕時的照片或超音波照片、畫一張他的素描……依照最令你舒適的方式，你可以把象徵物放在你的大腿上或放在你面前。首先，請跟年輕時候的自己說話，說你對他或她所經歷之事的同情與同理心。然後，變回那個年輕的女性，跟你的胎兒說話。你很可能會潸然淚下，請任眼淚滑落，它們是受歡迎的，不需要克制。之所以會流淚，是因為眼淚本來就在那裡，在你的身上，而沒有發洩出來的眼淚只會造成內心的損傷。你不一定需要告訴孩子這場與自己和解的工作，以及當他還是胎兒時，你對他的矛盾情感。但你很可能會感覺到親子關係的變化：不是巨大的轉變，但更多了一點自由、溫柔、親近和親密。你會不那麼害怕他的反應。所有你能弄清楚的事都能使親子關係更明朗。

你的媽媽很可能也從沒說過你還在她肚子裡時的事。你可以想像自己還是子宮中那個小孩子，而如今已長大成人的你，在心中跟他說話，給予他當年沒能得到的溫柔。只要他需要，你可以自由地盡情擁抱你心中的孩子。接下來，跟你肚子裡的寶寶講話會變得比較容易。

科學家已經證明孩子聽得到媽媽的話，即使她只是在腦海裡跟寶寶說話。當然，如果我們高聲跟他說話他也聽得到。他喜歡聽父母聲音的震動，而且，這也可以讓父母釐清自己的想法。語言需要將文字一一排列，說話能讓事情有條理。跟胎兒講話不僅對他、也對我們有幫助。為了能仔細檢視事情，請勇於表達無法說出口的話，否則，它們很可能成為與寶寶之間建立良好關係的阻礙，而後在孩子成長時亦然。

我跟在體內成長的小生命說話。我告訴他一切，跟他說些有的沒的，談談我自己、談談他，說說我的故事和他的故事。

這很難嗎？我們可能會過於害怕在身上發現了我們寧願不知道的事。有矛盾情感，也就是體驗到互相違悖的感受是正常的。但是，因為我們既不曾被允許表達自己的經歷，也沒有在憤怒或恐懼時被接受的經驗，評斷常常會介入。「我之所以對自己的寶寶感到憤怒，是因為我是個壞媽媽。」

我們都希望自己心中只有愛和溫柔，這是不切實際的。我們是人，都有過去。我們的經歷很豐富，但也帶著傷痛。我們的婚姻、家庭或職業狀況未必輕鬆。總之，有各種理由令我們不只存有愛。愛與溫柔確實存在，而恐懼、憤怒、沮喪等亦然。我們必須意識到這種種情緒，否則，它們會破壞愛。

談論能讓我們正視、接受和度過這一切，讓它不會傷害我們與孩子的關係。

㉑ 告訴孩子他出生時的事

告訴孩子他出生時的事之前，先寫下來是有幫助的。這可以讓我們進行分析，也可能治癒需要被治癒的。這不是要傾吐我們的怨恨，而是要分享我們的故事中與他有關的部分。告訴他經過消化，而不是被刪改的版本。在心理學中，我們稱為「修通」，也就是我們將會辨識出並穿越過這些情緒，給予它們意義。痛苦不是毫無來由的，以文字來表達可以讓我們稍微找出答案。

寫、寫、寫

該從哪裡開始？你可以寫下所有發生在你身上的事，零散地寫，之後再做整理。寫下事情發生前、中、後的情況。

在閱讀分娩那一章時，畫面、感覺、味道、感受、想法得以湧現。你或許已經辨識出如鯁在喉的部分了。若是如此，請直接進行下一步。

否則，請問問自己這些問題：

你如果是媽媽——

我那時有什麼感覺？

我那時是否關注——真的關注：

1. 我自己
2. 孩子的父親
3. 寶寶
4. 發生的事情

我那時喜歡什麼？比較不喜歡什麼？

我那時如何經歷疼痛？

我那時是否感覺自己獲得充分的陪伴？

我那時有哪些情緒？恐懼、憤怒、哀傷、愛、厭惡？我那時是否表達了這些情緒，我有沒有意識到這些情緒？

我那時可能有害怕、哀傷或憤怒的動機嗎？

分娩是否如我所期望的展開？

我跟小寶寶在一起時有什麼感覺？

我們是如何跟他的父親一起分享那一刻的？

我那時缺少的是什麼？

你如果是爸爸——

我那時有什麼感覺？

我那時是否關注——真的關注：

1. 我自己
2. 我太太
3. 寶寶
4. 發生的事情

我那時有哪些情緒？我那時是否表達了這些情緒，我有沒有意識到這些情緒？

我那時可能有害怕、哀傷或憤怒的動機嗎？

我是否有陪伴太太的感覺？

我是如何支持她？我是否聆聽了她的情緒？

面對妻子的疼痛時，我有什麼感覺？

面對妻子裂開且沾滿血的性器官，我有什麼感覺？

我們如何分享那一刻？我是否有被納入其中的感覺？

分娩是否如我所期望的展開？

我那時喜歡什麼？比較不喜歡什麼？

我跟小寶寶在一起時有什麼感覺？

我那時缺少的是什麼？

治癒過去的三個步驟：

1. 治癒內心：

一旦認出了恐懼、哀傷或憤怒，請把它寫下來。把這些告訴一位信任的人，可以是你的老公、朋友等。如果落淚，那就更好了，請盡情地哭到最後。你的心中不需要這些情緒，請把它們宣洩出來。如果情緒太過強烈，傷痛依然鮮明，請跟你的心理治療師談談，他能幫你治癒傷痛。

2. 修復伴侶關係（如果可能的話）：

當你篩選完生命經歷後，你會跟另一半分享嗎？邀請他先進行一樣的工作是有幫助的。生產時的傷痛和被壓抑的感受不只會改變親子關係，也會影響伴侶關係。性生活可能會受到影響，敢於談論這件事未必容易。夾雜著不滿的罪惡感常會造成心結，因此，最好先藉著書面釋放情緒，需要的話，把情緒告訴心理治療師，以此來擺脫對另一半和對自己的所有評斷。

如果感受變成不滿，情感負擔太重，跟心理治療師進行一次伴侶諮商是有幫助且適切的。有第三者在場會讓事情變得容易，何樂而不為呢？

3. 跟孩子談：

不需要太著急。在對自己進行了釐清與治癒後，替孩子修復的時刻自然會到來。我們可以把握孩子問問題、一股似乎與此有關的強烈情緒，或是看照片、閱讀、看電視的親密時刻等機會。重點是要從孩子適合的時間與孩子的需求出發，而不是你自己想要談論的渴望。

如果情緒太過沉重，第三者在場是合適的。我們可能會擔心引進第三者會誇大事件的重要性，事實上，第三者的出現（只要他有同理心且不會批判）能帶來安全感，減少這場情感交流的恐懼，並因此促進表達與接收。

㉒修補錯誤從來不嫌晚

當父母成功地正視自己的過去，就像薩米哈一樣：「身為母親，我得接受自己理想母親形象的消逝，接受失敗的現實。我對於孩子後來變成怎樣的人有責任，他們沒能讓我滿意，不是我希望的那樣。我們都曾經一樣地掙扎。」

薩米哈過去對於三個小孩相當專制。她承認了自己的錯誤，為自己在孩子還小時相當強硬、沒能表現得更溫柔感到惋惜。現在，她以為失去了他們，但事實不盡然如此。在一段時間的疏遠後，他們開始再次親近。她在開始跟孩子接近時，跟他們談了很多，談他們，談了自己。她直視他們，謙卑地承認了自己應負的責任。她向孩子表達了當時沒能以其他方式對待他們的歉意，最重要的是，她傾聽他們的話。她有勇氣在心中衡量他們面對她的專制時的痛苦，她不再否認專制的事實，也不否認這對孩子造成的傷害。她也訴說了自己的經歷。現在，她與孩子的關係很美好。大女兒曾經不願意再跟她交談和見面，現在，她則很樂意與薩米哈共度時光。

㉓最後的自我觀想

此時，你已經完成第1個練習一開始的「問卷」。在這場內心探險旅程之始，你已經思考了這些問題。現在，你來到了本書的尾聲，依據這些問題來觀察自己會很有意思。在記下你的答案後，回頭看看你最早的答案，並衡量你的改變（一樣要帶著溫柔和尊敬）。

請花幾天的時間觀察你面對孩子時的反應：

——我實際跟他相處的時間有多少？也就是專注在他身上、跟他玩、跟他說話、愛撫他等等的時間。我一邊做晚飯，一邊分神監督一眼他的作業的時間不算在內。

——我如何讓他參與我的活動，像是做菜、整理、記帳？

——我怎麼餵他？太多、正常、均衡、有機、速食、他想吃的時候、固定時間、隨隨便便……

——我怎麼親他？親臉頰、親嘴、到處都親、溫柔地親、親嘴角、隨時都親、從來不親……

——我怎麼摸他？只有在照顧他和幫他洗澡時、幫他按摩、愛撫他、讓他在大腿上搖晃、打他……

——在摸他時，我有什麼感覺？冷淡、熱情、慈愛……

——我如何聆聽他的情緒？完全不聽、只聽他笑，不聽他哭、只聽他的哭聲，不聽他的憤怒、聽所有情緒……

——我如何處理他的小過錯？

——我如何拒絕？從不拒絕、因害怕失去他的愛而做出笨拙的拒絕？或相反地，時常在拒絕？

——我如何鼓勵他獨立？

——我如何幫助他，如何允許他成長？幫太多、幫不夠……我觀察自己替他做的事（幫他洗澡、替他切肉、替他盛飯、幫他鋪床、整理他的衣物……）我要確認：他是否有能力自己做這些？

——我如何聽他訴說自己的生活、他的遊戲和他的朋友？是心不在焉地、充滿興趣地聽？或是一邊做其他的事、草率地聽？還是仔仔細細地聽？

——我如何跟他談論我自己和我的生活？

——我如何接受他成長且離開我，跟我不同？

在親子關係中：

──我的強項、我喜歡自己的部分：

──我的弱點、我不喜歡自己的部分：

──我容易感到無力或無助的情況：

──我的教育信念：

──我父母的教育信念：

──對我來說最困難的是：

面對孩子的「蠢事」和不遵守約定時，我會有幾個典型反應：

──面對他的喊叫時：

──面對兄弟姊妹吵架時：

──面對他的拒絕、他表達反對時：

──面對他的渴望時：

──面對他的憤怒時：

──面對他的哭聲時：

──面對他學業或與人相處的困難時：

當我感到憤怒時，我會……

找出三種會令我生氣的狀況或孩子的行為：

在這些時候，我會聆聽在我心中發生了什麼：

—我感覺……

—我想要……

—那讓我回想起……

—我想要有的反應：

—我最重要的改變是：

—這為我和我們的親子關係帶來的是：

—我覺得與自己和孩子有了接觸。

尾聲

所以，問自己這麼多問題到底要做什麼？父母自發地行動難道不會更好嗎？這交由大家自行判斷，條件是，不要忘記我們所謂的「自發性」，幾乎不過就是「不由自主」而已。對我來說，每一次當我找到吼叫或指責之外的方法來跟自己的孩子說話時（因為我有時還是會那樣做），我都會從中找到在親子關係上令人難以置信的益處，在效率上也是：當我們不必反覆二十次說同樣的話，這將省下多少口水啊。注意孩子真正的需求、瞭解他身上和我身上發生的事、誠心地討論，都遠比禁止和責罵有效。更何況，我們的教育態度常會誘發出我們想要禁止的行為。

我們憑什麼繼續傷害我們在這世界上最珍愛的人？的確，他們或許不會直接責怪我們，孩子通常會「原諒」自己的父母，但他們將會拉開距離。最重要的是，有一天，我們可能會為此責怪自己。

向自己提問、回顧自己的親身經歷、解讀它們帶來的影響，這些似乎都需要很多的努力。事實上，這比起不假思索就行動更不費力。確實，我們不必特別費心在不由自主的行動上，但它們會讓我們付出昂貴的代價。說真的，跟孩子戰爭非常消耗時間與精力。下命令、吼叫、責備、拒絕他的任性……這些經常會惡化為雙方會戰的權力遊戲，相當累人。而且，它們會破壞我們的自我意象。因為，我們必須更常提起這一點，也就是對父母來說，失敗是難以忍受的。然而，雖然每一位父母總會有懲罰、打人、羞辱、指責、貶低孩子的時候，這些卻不是最有效的教育方法。

請不做評斷地觀察我們的失控，這是進入我們記憶的大門。在太快出手的耳光背後，有著一道傷痕。在太嚴苛的話語背後，有我們經歷的一場悲劇。在我們的暴怒背後，有克制住的怒火，或是關於我們職業和社會狀況的資訊。

「他得癌症後，我對之前每一次斥責他感到後悔，我後悔之前沒有花更多時間和他相處，我後悔之前對他嚴格而不溫柔。」當我想要吼孩子時，總會想起安德烈的這句話。我的孩子們身體健康，我非常幸運。

別等到疾病或意外才讓我們意識到唯一真正重要的，是我們與他人的關係，是一同分享的愛。孩子的時間過得很快，他不會再回到五歲、六歲、十歲、十四歲……。在大約九十年的生命中，我們只有短短二十年左右的時間跟他們相處，每一個幸福時刻都是多賺到的一刻。

這本書遠遠無法窮盡這個主題，我希望它帶給你一些思考的線索，以不同的角度釐清使你和孩子對立的衝突。但最困難和最引人入勝的是：請完成潛入潛意識中與自己和孩子相遇的任務。

國家圖書館出版品預行編目（CIP）資料

最好的教養，從面對真實自我開始：法國父母最信賴的心理學家，帶你擺脫焦慮、解決親子衝突的 45 堂療癒課、23 種高成效的對話練習 / 伊莎貝爾．費歐沙 (Isabelle Filliozat) 著；周昭均 譯．-- 初版．-- 臺北市：遠流，2020.05
面；　公分
譯自：Il n'y a pas de parent parfait
ISBN 978-957-32-8774-2 (平裝)
1. 親職教育　2. 親子關係
528.2　　109005070

最好的教養，從面對真實自我開始

——法國父母最信賴的心理學家，帶你擺脫焦慮、解決親子衝突的 45 堂療癒課、23 種高成效的對話練習

作者／伊莎貝爾．費歐沙
譯者／周昭均
總編輯／盧春旭
執行編輯／簡伊玲
行銷企畫／鍾湘晴
封面設計／ Alan Chan
內頁設計／ Alan Chan

發行人／王榮文
出版發行／遠流出版事業股份有限公司
地址：臺北市中山北路一段 11 號 13 樓
電話：(02) 2571-0297
傳真：(02) 2571-0197
郵撥：0189456-1

著作權顧問／蕭雄淋律師
2020 年 6 月 1 日　初版一刷
2024 年 4 月 19 日　初版五刷
定價 新台幣 370 元（如有缺頁或破損，請寄回更換）

ISBN 978-957-32-8774-2

遠流博識網
http://www.ylib.com
E-mail: ylib@ylib.com